시범 : 조희근 관장 / 신용호 승단자

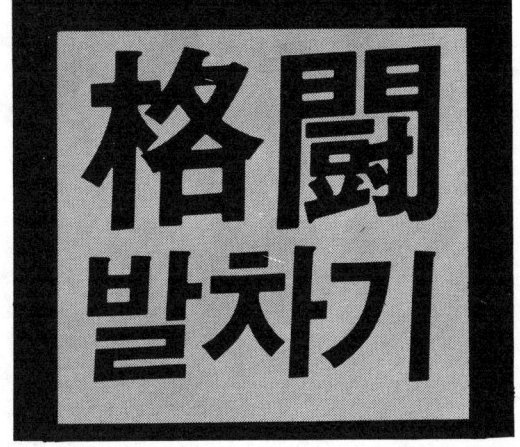

서림문화사

머 리 말

　최근에 이르러 국내에서의 중국 무술 대중화에 따라 다량의 중국 무술 서적이 출판되고 무술인의 한 사람으로서 이런 현상을 가슴 뿌듯하게 생각한다. 그러나 한편으로는 우려되는 점도 없지 않다.
　왜냐하면 겨우 몇 권의 책을 읽고 나서 마치 무술에 조예가 깊은 것처럼 행동하는 사람들 때문에 무술에 대한 일반인의 인식이 나빠질 수도 있기 때문이다.
　무술은 체기(體技 : 몸으로 익히는 기술)이다. 때문에 직접 수련을 하지 않으면 그 진수를 이해하기 어렵고, 직접 수련을 하더라도 정확한 지도를 받지 않으면 한계에 부딪히게 된다.
　본인은 이 책이 무술인 여러분들에게는 무술의 깊이를 더욱 심오하게 하는데 일익을 담당하게 하고, 무술에 입문하지 않은 독자들에게는 발차기의 다양한 기법을 소개함으로써 무술에 관심을 갖게 하여, 참된 무술에 입문하는 계기가 되기를 기원한다.
　무술에 뜻을 둔 독자 여러분들에게 한 가지 당부하고 싶은 말은 "무술은 타인을 굴복시키거나 억압하는 수단이 아니라, 자신을 지키기 위한 진지한 노력"이라는 것을 깊이 인식해야 한다는 것이다. 자신을 지킨다는 것은 개인의 건강 유지나 위험으로부터의 안전 확보 뿐만이 아니라 올바른 마음 가짐을 지니는 것까지도 포함한다.
　진정한 무술인은 불의에 굴복하지 않고 자신의 엄숙한 양심에 따라 행동할 수 있는 용기를 지녀야 하며, 고난과 시련을 슬기롭게 극복해 나갈 수 있는 지혜도 함께 지녀야 한다는 것을 강조하고 싶다.
　이 책에 수록된 많은 종류의 발차기 가운데 몇 가지 만이라도 꾸준히 연마하여 자유자재로 구사할 수 있게 된다면, 실전에서 엄청난 위력을 발휘할 수 있다.
　하지만 무술은 양날을 가진 칼과 같아서 옳게 사용하면 우리에게 이로울 수 있으나, 자칫 잘못하면 타인에게 치명적인 피해를 입히고, 그로 인하여 자신도 돌이킬 수 없는 나락으로 전락될 수도 있다.

이는 물론 무술 그 자체의 과오는 아니나, 결과는 무술인의 명예를 손상시키며, 무술에 관한 인식의 악화를 가져온다.

무술 애호인 여러분들은 이 점을 명심하여, 무술이 이 사회에 공헌하는 데에만 사용될 수 있도록 노력하기 바란다.

이 책이 세상에서 빛을 보게 된 것은 서림문화사 신 종호 사장님의 물심 양면의 자상한 배려 덕분이며, 특히 책의 구상·사진 촬영 및 편집에까지 깊이 관여하여, 마지막 완성이 되는 순간까지 노고를 아끼지 않은 박 종관 학형(學兄)의 숨은 공로는 몇 마디의 말로 치하하기에는 너무나 부족하다는 것을 밝혀 둔다.

독자 제위와 무술인 여러분의 건승을 기원한다.

1987년 6월
조 희 근

제1편 퇴격법(腿擊法) 총설 23

제1장 퇴법(腿法)의 응용과 요결(要訣) 24

- ■ 기격(技擊)과 퇴법(腿法) 24
- ■ 퇴법(腿法)의 경력(勁力) 25
- ■ 북파 무술의 퇴격법 26
- ■ 퇴법 요결(腿法要訣) 27
- ■ 퇴격의 주요 목표 27

제2장 연퇴(練腿) 기본공(基本功) 29

1. 압퇴(壓腿) 29
2. 반퇴(搬腿) 30
   - ■ 문화(吻靴) 30
   - ■ 와화(臥靴) 1 31
   - ■ 와화 2 32
   - ■ 포화(抱靴) 33
   - ■ 단화(端靴) 34
   - ■ 측반퇴(側搬腿) 36
   - ■ 질차(跌叉) 37
   - ■ 일자공(一字功) 38

3. 현퇴(懸腿) ……………………………………… 40
　■ 전현(前懸) ……………………………………… 40
　■ 측현(側懸) ……………………………………… 41

제3장 기본 퇴격법(基本腿擊法) ……………………… 42

1. 십자등각(十字蹬脚) ……………………………… 42
2. 분각(分脚) ……………………………………… 43
3. 등각(蹬脚) ……………………………………… 44
4. 파각(擺脚)과 이합퇴(裡合腿) …………………… 45
5. 이기 십자등각(二起十字蹬脚) …………………… 47
6. 이기분각(二起分脚) ……………………………… 48
7. 선풍각(旋風脚) ………………………………… 49
8. 전소퇴(前掃腿) ………………………………… 51
9. 후소퇴(後掃腿) ………………………………… 52
10. 파퇴(擺腿) ……………………………………… 53
　　■ 파퇴(擺腿)의 응용 ……………………………… 55
11. 좌퇴(挫腿) ……………………………………… 56
　　■ 좌퇴의 응용 …………………………………… 57

제2편 퇴격법(腿擊法)의 기본 응용 ……………………… 59

제1장 부인각(斧刃脚)의 활용 ……………………… 60

1. 부인각(斧刃脚) ………………………………… 60

■ 부인각(斧刃脚)의 응용 ·· 61
2. 벽추(劈捶)와 부인각(斧刃脚)의 연결 ······································ 62
　　■ 벽추·부인각의 응용 ·· 64
3. 부인각(斧刃脚)과 답근(踏根)의 연결 ······································ 66
　　■ 부인각과 답근의 응용 ··· 67
4. 절퇴(截腿) ··· 68
　　■ 절퇴의 응용 1 ··· 70
　　■ 절퇴의 응용 2 ··· 71
5. 부인각(斧刃脚)과 권추연환퇴(圈捶連環腿)의 연결 ················ 73
　　■ 부인각과 권추연환퇴의 응용 ··· 74
6. 부인각(斧刃脚)과 이기(二起) 십자등각(十字蹬脚) ················ 76
　　■ 부인각과 이기 십자등각의 응용 ······································· 77

제2장　횡등퇴(橫蹬腿)의 활용 ······························· 79

1. 횡등퇴(橫蹬腿) ··· 79
　　■ 하단(下段)의 응용 ··· 81
　　■ 중단(中段)의 응용 ··· 82
　　■ 상단(上段)의 응용 ··· 82
2. 쌍봉수단각(雙封手踹脚) ·· 83
　　■ 쌍봉수단각의 응용 ··· 84
3. 투보(偸步) 횡등퇴(橫蹬腿) ·· 85
　　■ 횡등퇴의 공격 방향과 목표 ··· 86
4. 절등퇴(截蹬腿) ··· 87
　　■ 절등퇴의 응용 ··· 88
5. 쌍봉수단각(雙封手踹脚)과 앙방주(仰幇肘)의 연결 ··············· 90
　　■ 쌍봉수단각과 앙방주의 응용 ··· 92
6. 회신단각(回身踹脚) ·· 94
　　■ 회신단각의 응용 ··· 95
7. 등공(騰空) 번신단각(翻身踹脚) ·· 97
　　■ 등공 번신단각의 응용 ··· 99
8. 등공단각(騰空踹脚) ·· 101

■등공단각의 응용 1 ……………………………………………… 102
■등공단각의 응용 2 ……………………………………………… 103
9. 횡벽추(橫劈捶)와 단각(踹脚)의 연결 ………………………… 104
■횡벽추와 단각의 응용 ………………………………………… 105

제3장   점퇴(点腿)의 활용 ……………………………… 109

1. 순수기랑(順水起浪) …………………………………………… 109
■순수기랑의 응용 ……………………………………………… 110
2. 점당퇴(点膽腿) ………………………………………………… 112
■점당퇴의 응용 ………………………………………………… 113
■퇴격(腿擊)에 대한 점당퇴의 위치 변화 …………………… 115
3. 전점퇴(前点腿) ………………………………………………… 117
■전점퇴의 응용 ………………………………………………… 120

제4장   선퇴(旋腿)의 활용 ……………………………… 122

1. 선척(旋踢) ……………………………………………………… 122
■선척의 응용 …………………………………………………… 124
2. 등공선퇴(騰空旋腿) …………………………………………… 126
■등공선퇴의 응용 1 …………………………………………… 127
■등공선퇴의 응용 2 …………………………………………… 128

제5장   괘퇴(掛腿)의 활용 ……………………………… 129

1. 괘퇴(掛腿) 쌍추장(雙推掌) ……………………………………… 129
■괘퇴쌍추장의 응용 …………………………………………… 130

  ■ 패퇴격주의 응용 …………………………… 132
2. 구마(扣馬) 봉후(封喉) ……………………… 134
  ■ 구마 봉후의 응용 …………………………… 135
  ■ 패퇴의 응용 1 ………………………………… 137
  ■ 패퇴의 응용 2 ………………………………… 138
3. 도패퇴(倒掛腿) ……………………………… 140
  ■ 도패퇴의 응용 1 ……………………………… 141
  ■ 도패퇴의 응용 2 ……………………………… 142
  ■ 도패퇴의 목표 변화 ………………………… 144
4. 외패퇴(外掛腿) ……………………………… 145
  ■ 외패퇴의 응용 1 ……………………………… 147
  ■ 외패퇴의 응용 2 ……………………………… 148
  ■ 외패퇴의 응용 3 ……………………………… 150
5. 전신패퇴(轉身掛腿) ………………………… 151
  ■ 전신패퇴의 응용 ……………………………… 152
  ■ 패퇴의 응용 1 ………………………………… 153
  ■ 패퇴의 응용 2 ………………………………… 154
6. 구루추퇴(拘摟揪腿) ………………………… 155
  ■ 구루추퇴의 응용 ……………………………… 156
7. 쌍봉수추퇴(雙封手揪腿) …………………… 157
  ■ 쌍봉수추퇴의 응용 …………………………… 158
8. 전박(展拍) …………………………………… 159

제 3 편 슬격법(膝擊法)의 기본 응용 …………………… 161

제 1 장 슬격법(膝擊法)과 실용성 ……………… 162

제 2 장 슬격(膝擊)의 활용 ……………………… 165

1. 슬격(膝擊) 1 ······ 165
 ■슬격 1의 응용 ······ 166
2. 슬격 2 ······ 167
 ■슬격 2의 응용 ······ 168
3. 슬격 3 ······ 169
 ■슬격 3의 응용 ······ 170
4. 슬격 4 ······ 171
 ■슬격 4의 응용 ······ 172
5. 슬격 5 ······ 173
 ■슬격 5의 응용 ······ 174
6. 슬격 6 ······ 175
 ■슬격 6의 응용 ······ 176
7. 슬격 7 ······ 177
 ■슬격 7의 응용 ······ 178
8. 슬격 8 ······ 179
 ■슬격 8의 응용 ······ 180
9. 제퇴가절추(提腿架截捶) ······ 181
 ■제퇴가절추의 응용 ······ 182
 ■청룡비승(靑龍飛升)의 응용 ······ 183
10. 제퇴쌍봉수(提腿雙封手) ······ 185
 ■제퇴쌍봉수의 응용 1 ······ 186
 ■제퇴쌍봉수의 응용 2 ······ 187
11. 제퇴좌우조수(提腿左右ㄱ手) ······ 189
 ■제퇴좌우조수의 응용 ······ 190
12. 제퇴쌍조수(提腿雙ㄱ手) ······ 192
 ■제퇴쌍조수의 응용 ······ 193
13. 제퇴하절추(提腿下截捶)와 제퇴상도추(提腿上挑捶)의 연결 ······ 194
 ■제퇴하절추와 제퇴상도추의 응용 ······ 195
14. 제퇴영면장(提腿迎面掌) ······ 196
 ■제퇴영면장의 응용 1 ······ 197
 ■제퇴영면장의 응용 2 ······ 198
15. 제퇴헌도(提腿獻挑) ······ 200
 ■제퇴헌도의 응용 1 ······ 201
 ■제퇴헌도의 응용 2 ······ 202

16. 제퇴쌍제조(提腿雙提 기) ································ 203
   ■ 제퇴쌍제조의 응용 ································ 204

제4편 퇴격법(腿擊法)의 실전 활용 ················ 205

제1장 퇴격법(腿擊法)의 실전 기법 ················ 206

제2장 퇴격(腿擊)의 실기 ················ 208

1. 후소퇴(後掃腿) ································ 209
   ■ 후소퇴의 응용 ································ 210
2. 전소퇴(前掃腿) ································ 211
   ■ 전소퇴의 응용 1 ································ 212
   ■ 전소퇴의 응용 2 ································ 214
3. 반선풍각(半旋風脚) ································ 216
   ■ 반선풍각의 응용 ································ 217
4. 파각(擺脚) ································ 219
   ■ 파각의 응용 ································ 220
   ■ 파각의 위치 변화 ································ 222
5. 회신파각(回身擺脚) ································ 223
   ■ 회신파각의 응용 ································ 224
6. 번신파각(翻身擺脚) ································ 225
   ■ 번신파각의 응용 ································ 226
7. 등공파각(騰空擺脚) ································ 228
   ■ 등공파각의 응용 ································ 230
8. 십자요음각(十字撩陰脚) ································ 232
   ■ 십자요음각의 응용 ································ 233

9. 십자괘탱퇴(十字掛撑腿) ……………………………… 235
   ■ 십자괘탱퇴의 응용 1 …………………………… 236
   ■ 십자괘탱퇴의 응용 2 …………………………… 237
10. 쌍봉수등각(雙封手蹬脚) ……………………………… 239
    ■ 쌍봉수등각의 응용 1 …………………………… 240
    ■ 쌍봉수등각의 응용 2 …………………………… 242
    ■ 등각의 응용 1 …………………………………… 244
    ■ 등각의 응용 2 …………………………………… 245
11. 이기등각(二起蹬脚) …………………………………… 246
    ■ 이기등각의 응용 ………………………………… 247
12. 구지룡(球地龍)의 활용 ……………………………… 249
13. 구등퇴(鈎蹬腿)의 활용 ……………………………… 251
14. 답근(踏根)의 활용 1 ………………………………… 252
15. 답근(踏根)의 활용 2 ………………………………… 253
16. 답각(踏脚)의 활용 1 ………………………………… 255
17. 답각(踏脚)의 활용 2 ………………………………… 257
18. 쌍봉수복퇴(雙封手扑腿) ……………………………… 259
    ■ 쌍봉수복퇴의 응용 ……………………………… 261
19. 요음각(撩陰脚)과 파각(擺脚)의 연결 …………… 263
    ■ 요음각과 파각의 응용 ………………………… 265
20. 요음각(撩陰脚)과 등공선척(騰空旋踢)의 활용 … 267
21. 후소퇴(後掃腿)와 선척(旋踢) ……………………… 269
    ■ 후소퇴와 선척의 응용 ………………………… 271
22. 전사괘탱퇴(纏絲掛撑腿)의 활용 …………………… 273
23. 허보량장(虛步亮掌)과 등탑반주(蹬塌盤肘) ……… 275
    ■ 허보량장과 등탑반주의 응용 ………………… 277
24. 철식쌍제조(撤式雙提기)와 진보벽추(進步劈捶) … 279
    ■ 철식쌍제조와 진보벽추의 응용 1 …………… 281
    ■ 철식쌍제조와 진보벽추의 응용 2 …………… 282
25. 태공조어(太公釣魚)의 활용 ………………………… 284
26. 벽추(劈捶)와 요음각(撩陰脚)의 연결 …………… 286
    ■ 벽추와 요음각의 응용 ………………………… 287
27. 양시척퇴(亮翅踢腿) …………………………………… 289
    ■ 양시척퇴의 응용 1 ……………………………… 290

- ■ 양시척퇴의 응용 2 ········· 292
- ■ 양시척퇴의 응용 3 ········· 293
28. 연삼퇴(連三腿) ········· 295
- ■ 연삼퇴의 응용 ········· 297
29. 권추(圈捶)와 이합퇴(裡合腿)의 연결 ········· 299
- ■ 권추와 이합퇴의 응용 ········· 301
30. 부인각(斧刃脚)과 당배(撞背)의 연결 ········· 303
- ■ 부인각과 당배의 응용 ········· 304
31. 개면각(蓋面脚) ········· 305
- ■ 개면각의 응용 ········· 306
32. 섬신수당각(閃身搜膛脚) ········· 307
- ■ 섬신수당각의 응용 1 ········· 308
- ■ 섬신수당각의 응용 2 ········· 310
33. 과호단편(跨虎單鞭) ········· 312
34. 천당고(穿膛靠) ········· 314
- ■ 천당고의 응용 ········· 315
35. 취안요음퇴(取眼撩陰腿) ········· 317
- ■ 취안요음퇴의 응용 ········· 318
36. 조수척퇴(刁手踢腿) ········· 319
- ■ 조수척퇴의 응용 1 ········· 320
- ■ 조수척퇴의 응용 2 ········· 321
- ■ 조수척퇴의 응용 3 ········· 322
37. 삽각(挿脚) ········· 323
38. 요음각(撩陰脚)과 슬격(膝擊)의 연결 ········· 324
- ■ 요음각과 슬격의 응용 ········· 325
39. 섬신호미각(閃身虎尾脚) ········· 326
- ■ 섬신호미각의 응용 ········· 327
40. 과란(跨攔) ········· 328
41. 악동파교(惡童破橋) ········· 330
- ■ 악동파교의 응용 ········· 331
42. 권파퇴(圈破腿) ········· 333
- ■ 권파퇴의 응용 ········· 334
43. 복퇴(扑腿)의 활용 1 ········· 336
44. 복퇴(扑腿)의 활용 2 ········· 338

45. 후도퇴(後挑腿)의 활용 1 ································· 339
46. 후도퇴(後挑腿)의 활용 2 ································· 340
47. 파마퇴(破馬腿) ··· 342
　■ 파마퇴의 거리 변화 ·· 344
　■ 파마퇴의 응용 1 ·· 345
　■ 파마퇴의 거리 변화에 따른 목표 ······················· 346
　■ 파마퇴의 실전 변화 ·· 347
　■ 파마퇴의 실전 활용 ·· 349
　■ 파마퇴의 목표 변화 ·· 351
　■ 파마퇴의 응용 2 ·· 352
48. 절퇴(絶腿) ··· 354

제1편

퇴격법
腿擊法
총 설

제1장
퇴법(腿法)의 응용과 요결(要訣)

■ 기격(技擊)과 퇴법(腿法)

　기격(技擊)의 기본에는 다섯 가지가 있다. 필히 이 다섯 가지의 내용을 명백하게 숙지하기를 강조하는 이유도 그것이 차지하는 비중이 크기 때문이다.
　무술 수련에서는 수법(手法), 안법(眼法), 신법(身法), 보법(步法), 그리고 퇴법(腿法)을 중시한다.
　수법은 상대의 공격을 방어하거나 공격하는 데 필요한 법칙이나 상대의 중심을 무너뜨리기 위해 손을 사용하는 기술 전체를 뜻한다.
　안법은 상대의 공격이 어느쪽으로 진행될 것인가, 어느쪽으로 피하거나 이동할 것인가를 알아 내는 방법이며 신체의 특성을 면밀히 관찰하고 수법을 충분히 이용한 경험이 필요하다. 예를 들어서 왼손이 나오려면 오른손이 뒤로 가고 허리가 틀어진다. 만약 오른발을 찬다면 왼어깨가 기울어지고 몸이 왼쪽으로 옮겨진다. 이에 따라서 적절히 판단하여 기법을 운용하는 것이다.
　신법은 체중의 이동과 몸의 탄성을 이용하는 것이며, 신법으로 상대의 공격을 약하게 줄이거나 자신의 공격을 강화시킨다. 수법과 불가분의 관계에 있다.
　보법은 발의 움직임, 즉 전진, 후퇴, 도약, 회전 등 매우 중요한 것이며 복잡하고 어렵다.
　수법은 오랜 수련을 하지 않아도 흉내낼 수 있지만 보법만큼은 수련 기간이 짧으면 활용할 수 없다.
　퇴법은 발로 차고, 때리고, 걸고, 미는 각종의 기법을 통칭하는 것이며 변화가 많다.
　퇴법에서는 무릎을 사용하여 공격하거나, 발끝으로 공격하기도 한다. 발뒤꿈치도 사용하며 발의 측면과 발의 안팎을 사용하는 교묘하고도 복잡한 격투 기술이다. 물론 퇴법 한 가지만을 사용한다면 매우 불리한 조건에 놓이게 된다. 주로 강법(剛法) 계통의 무술에서는 발을 매우 중요시한다. 사실상 발차기의 위력은 손보다 세며 치명적인 공격을 원한다면 수법과 조화를 시켜야 한다. 보편적인 무술에서는 발을 차면 보법과 퇴법으로 사용한다.
　그런데 중국 무술에서는 퇴법을 사용할 때는 수법과 보법이 조화되어 쓰인다.

손의 기술로 상대를 잡아끌거나 밀어서 균형을 잃게 하고 퇴법에서 공격하려는 위치에 상대의 몸의 중심이 모이게 한다. 따라서 상대는 공격을 받으면 치명적인 상처를 입게 된다. 보법은 상대의 사각으로 들어가거나 반격을 받지 않을 곳으로 피하는 데 쓰이고 전진이나 후퇴시에 추진력을 얻게 된다.

그렇다고 어느 한 가지를 중점적으로 수련해서는 안 되며 전체가 조화되도록 수련해야 한다.

격투에서는 타상취하(打上取下), 타하취상(打下取上) 등의 용어가 쓰인다. 예를 들어서 상대의 눈을 손으로 공격하면 상대는 이것을 막아야 한다. 이 때문에 다른 공격을 생각하지 못한다. 이를 노려서 낭심을 공격한다. 이러한 원리의 기법이 취안요음퇴(取眼撩陰腿), 양시척퇴(亮翅踢腿) 등의 종류이다. 상영하축(上影下蹴), 성동격서(聲東擊西) 등도 같은 뜻이며 병법의 이론을 바탕으로 기법을 설명한 것이다.

퇴법을 사용하여 상대를 공격할 때 가장 중요한 것이 신속하고 민첩하며 중심이 흩어지지 않는 것이다.

덮어쐬우듯이 차는 공격이라든지, 돌아서 차는 것은 돌거나, 일으키거나, 몸의 방향을 뒤집거나, 동작을 마치고 내리는 순간이 가장 위험한 순간이 된다.

이 때 차거나 때리지 않고 밀기만 하여도 큰 상처를 입는 것은 바로 이 중심 문제 때문이다.

퇴법은 강력하고 파괴력이 있다. 그러나 그 만큼 위험성이 많은 기법이다. 더구나 낮은 공격이 아닌 높은 공격을 한다면 더욱 위험도가 높다. 관절의 움직임이 손보다 둔하기 때문에 방어에도 쉽게 걸린다. 이런 단점을 보강한 기법이 봉수(封手)를 사용한 차기나 양시장(亮翅掌) 등을 사용한 기법이다.

퇴법은 무술의 각파에 한두 가지 종류는 반드시 들어 있다. 특히 북파의 무술에 차기가 많다. 문파마다 차기의 기술을 뜻하는 자결(字訣)이 있으며 특징이 있다. 도(挑), 구(鈎), 소(掃), 산(剷), 당(撞), 괘(掛), 등(蹬), 단(踹), 권(圈) 등은 모두 기법의 원리를 지니고 있는 자결들이다.

■ 퇴법(腿法)의 경력(勁力)

차기는 무릎, 소퇴(小腿), 족첨(足尖), 족근(足跟) 등이 유연하고 영활해야 한다.

퇴법(腿法)에는 상(上), 하(下), 직(直), 횡(橫), 사(斜) 등 다섯 가지 종류의 경력이 있다. 이들은 모두 탄경(彈勁)에 포함되는 것이다.

상경(上勁)은 위로 차올릴 때 쓰이는 경력이며 차기 전에 먼저 다리를 약간 굽힌다. 이 때 등을 둥글게 하고 배를 움추린다.
 발을 차낼 때는 발끝을 쭉 뻗어 내는 식으로 하며 처음의 연습은 털어 내듯이 찬다.
 소위 말하는 탄경이라는 것은 움추렸다가 펴지는 것으로 스프링을 누르면 반사적으로 튕겨져 나온다. 이같은 원리를 이용하여 압축에서 힘을 얻어 발사시키는 것이다.
 차올릴 때는 힘을 가해서 쭉 뻗지만 내릴 때는 완전히 힘을 빼고 수축시킨다.
 하경(下勁)은 먼저 가볍게 들어서 내리면서 등을 펴고 힘을 가중시키는 방법이며 팔의 움직임이 도움을 준다.
 직경(直勁)은 근보(跟步)나 원후보와 함께 사용하여 정면으로 뻗어 차는 것이며 상체를 약간 뒤로 숙인다.
 횡경(橫勁)은 옆차기, 원앙각, 파각, 이합퇴 등의 연습에서 얻어지며 회수의 동작을 연습하는 데 오랜 시간이 소요된다.
 사경(斜勁)은 비스듬히 튕겨 내며 옆구리의 비틀림이 많은 도움을 준다.
 발차기의 연습은 무릎 관절과 발목 관절, 사타구니의 고관절을 유연하고 탄력이 있게 훈련하는 것이 가장 좋은 방법이 된다.

■ 북파 무술의 퇴격법

 장권(長拳)을 비롯한 대부분의 북파 무술에서는 척(踢), 타(打), 솔(摔), 나(拿), 박(撲), 추(推), 당(撞)을 대련시의 중요한 기법으로 여긴다. 여기에서 척이 곧 퇴법을 뜻하며 제일 중요한 위치에 있다. 척이란 퇴격(腿擊)을 사용하는 방법이며, 상, 중, 하와 전, 후의 어느 방향으로나 대응할 수 있어야 한다. 따라서 차기는 그 수련에 어려움이 뒤따른다.
 실전에서의 퇴격에는 장점이 많다. 퇴격은 원거리에서 공격할 수 있다는 거리상의 이점도 있지만 발경(發勁)이 가장 격렬하고 그 위협적인 힘은 무기에도 가름할 수 있다.
 특히 북파에서는 장권(長拳)의 각종 기본공에 익숙해 있지 않으면 대련 등의 겨루기에서 실력을 발휘하지 못하며 관절의 유연성이 떨어진다.
 상대를 공격한다 하여 무조건 강하고 세게 하는 것은 잘못된 것이며, 몸을 조여 주는 경우도 있고 오히려 유연하게 힘을 빼고 풀어 주는 경우도 있다.
 앞으로 곧게 차거나 차올릴 때는 힘을 모아 자세를 조여 주지만 차내리거나 걸쳐 낼 때는 힘을 풀고 유연하게 대처하여 채찍을 휘두르듯이 사용한다. 차기를 할 때는 상대와의 거리에 따라서 사용하는 경력을 달리 한다. 숙달된 사람은 몸이 거의 붙어 있을 정도에서도 위력적인 차기를 할 수 있다. 연습을 할 때는 벽을 향하여 원거리에서 점차 접근하면서 차는 연습이 좋다. 비종문(秘宗門)의 점당퇴(点膅腿), 점과퇴(点胯腿) 등은 실전에서 매우 유용하게 쓸 수 있다.

퇴격법에서 더욱 중요한 것이 보법이며 보법은 퇴격의 위력을 증감시킨다.

퇴격에서는 허리의 역할이 다른 어떤 기법보다 중요시된다. 허리의 유연성에 따라서 기법의 경력 방향이 바뀌기 때문에 허리나 복근을 강화하는 것은 의미가 깊다. 실전적 공격에서는 옛부터 「기퇴불과요(起腿不過腰)」라는 말이 있다. 상대와 나의 격투 역량이 비슷한 경우라면 발을 낮게 쓰는 사람이 이길 확률이 높다.

■ 퇴법 요결(腿法要訣)

퇴법을 성공적으로 마치려면 보법이 영활해야 함을 누차 강조했다. 멈추거나 진퇴나 전환, 측보 섬전등나(閃展騰挪) 등이 적절하게 쓰여야 한다. 만약 잘못 되는 경우를 경(輕), 부(浮), 활(滑), 허(虛)로 표현한다. 이와 반대로 침(沈), 실(實), 정(定), 중(重)이 되려면 참춘(站椿)이 절대적으로 필요하다.

퇴격법으로 적을 대적하는 데는 영(靈), 찬(鑽), 유(溜), 독(毒)이 필요하다. 이것을 다시 바꾸어 표현하면 경교영활(輕巧靈活), 습격공당(襲擊空擋), 숙련정순(熟練精純), 한악격렬(狠惡激烈)의 4대 요령이다.

영은 기격 일체에 요구되는 영활성(靈活性)이고 퇴법에서는 침(沈)이며 뜨지 않고 빨라야 한다.

찬은 헛점을 공격하는 것인데 습격함을 말한다.

유는 끊어짐이 없이 매끄럽게 숙련된 상태를 말하고 출신입화(出神入化)의 경지를 말한다.

독은 잔인한 공격 목표를 나타내는 것이며 무릎을 차 부수거나 경골, 발등, 뒤꿈치 등 어느 곳이나 공격하고 자신의 신체를 완전히 무기화하는 것을 뜻한다.

■ 퇴격의 주요 목표

정면에서는 코, 태양혈, 귀 뒤쪽, 눈, 목, 심와부, 중완, 복막, 낭심, 사타구니, 무릎, 경골, 손목, 손등, 발등이 주요 공격 목표가 된다.

또 겨드랑이나 허리 양쪽의 요안, 척추선, 뒤통수, 목의 경추, 신주혈, 명문,

지실, 장강과 위중, 곤륜 등도 목표이다.

물론 어떠한 곳을 어떤 기법으로 차야 한다는 완전한 원칙은 없다. 작은 힘으로 큰 타력을 내기 위하여 사용하는 부위나 목표의 부위를 결정하게 된다.

특히 뒤꿈치나 발의 앞부리는 일정한 급소를 공격하기에는 좋지만 목표를 정확히 맞추기가 어렵다. 움직이는 상태에서 명중을 시킨다는 것은 비행 물체의 속도를 계산하여 미사일을 발사시키는 컴퓨터와 같이 재빠른 반사 신경이 작용되어야 한다.

안법과 신법은 거리와 타이밍을 계산해 내는 중요한 역할을 한다. 상대와의 거리나 시간차 등은 공격 기술의 다양화로 조절할 수 있다. 근접 거리에서는 어떻게 하든지 상대와 접촉하여 잡거나 당겨서 공격하도록 한다. 원거리에서 뛰어들어갈 때는 상대에게 공격의 길목에서 반격당하지 않는 방법을 터득해야 한다. 그러기 위해서는 먼저 상대의 중심을 흩뜨려야 하고 자신은 쌍중(双重)의 보법이 되지 않도록 움직여야 한다.

제 2 장
연퇴(練腿) 기본공(基本功)

1. 압퇴 (壓腿)

　압퇴는 무릎 관절과 아킬레스건을 충분히 늘여 탄력을 부여하기 위한 수련이며 충분한 시간이 필요하다.
　압퇴에는 정면으로 실행하는 정압퇴(正壓腿)와 옆으로 하는 측압퇴(側壓腿)가 대표적인 것이다.
　정압퇴는 기구를 사용하는 방법과 그냥 실시하는 방법 등이 있는데 많이 알려져 있기 때문에 사진은 생략했다. 물체 위에 발뒤꿈치를 걸치고 손으로는 발끝을 잡는다. 무릎이 굽혀지지 않도록 주의해야 한다.
　측압퇴는 물체 위에 발뒤꿈치를 걸치고 올린 발과 반대쪽의 손으로 잡는다. 다른 손은 배앞으로 당기며 몸을 옆으로 틀면서 다리에 붙인다. 다리와 옆구리 양쪽의 유연성을 키우는 훈련이다. 역시 무릎이 굽혀지지 않게 주의해야 한다.
　땅에서 할 때는 발을 옆으로 벌리고 앞부리는 들고 뒤꿈치만 댄다. 같은 발, 같은 방향의 손으로 숙여서 앞으로 굽히며 다른 방향의 손은 무릎을 눌러 준다.
　땅에서 하는 측압퇴는 손과 발을 반대쪽으로 하여 서로 비틀어 댄다.
　이 외에도 중요한 수련법이 있는데 그중의 하나가 부보의 좌우 연습이다. 부보에서 두손으로 발목을 잡고 이쪽 저쪽으로 체중을 옮기면서 한쪽 발을 편다. 이것은 무릎 관절을 강화시키는 중요한 작용을 한다.
　필요 이상의 힘이나 근력은 필요하지 않지만 큰 경력(勁力)을 내기 위한 기초가 되는 하반신의 단련은 반드시 필요한 것이다. 기마식 자세에서 호흡을 조절하며 오랫동안 있는 것도 도움이 된다. 다리가 떨리고 견디기 어려우면 더 하지 않는다.
　압퇴의 종류는 정압퇴, 사압퇴, 좌압퇴, 패벽압퇴 어느 것이라도 다리와 허리의 유연성을 키워 준다.
　압퇴를 시작하기 전과 끝낸 뒤에는 관절의 회전 운동을 하여서 근육의 피로를 풀어 줄 필요성이 있다. 날씨가 차가운 때는 따뜻하게 열을 낸 뒤에 수련하는 것이 인대를 보호하는 한 방법이다.

2. 반퇴(搬腿)

■ 문화(吻靴)

정면을 향하여 선 뒤에 발을 옆으로 벌리고 숨을 들이쉰다. 다음에 숨을 내쉬면서 옆으로 숙이며 두손으로 발을 잡고, 상체를 숙여서 다리에 붙인다.

이 때 무릎 관절이 꺾여지지 않아야 한다. 잠시 동안 고정 자세로 있다가 일어서며 반복한다.

■와화(臥靴) 1

앞으로 발을 내딛으면서 발뒤꿈치로만 딛고 앞부리는 든다. 내밀은 발과 반대쪽의 손으로 발을 잡고 상체를 다리에 밀착시킨다.

고정 자세에서 멈췄다가 반복하여 실행한다. 무릎이 들려지지 않도록 해야 한다.

와화 2

발을 옆으로 벌려 딛으면서 발 뒤꿈치로만 딛는다. 앞으로 내민 쪽의 발과 반대가 되는 쪽의 손을 들고 같은 쪽의 손은 배앞으로 당긴다.

손을 내려서 발끝을 잡으면서 앞으로 숙여 다리에 붙인다. 무릎이 들리지 않게 주의한다. 여러번 반복하여 실시한다.

▰ 포화(抱靴)

무릎을 굽혀서 앞으로 들어올리고 한손으로는 무릎을 잡고 한손으로는 발목을 잡는다.

몸으로 당겨붙여서 5분 정도 고정 자세로 서 있는다. 한 발로 서 있는 것은 발차기 때의 평형 능력을 키우기 위해서이다. 5분이 지나면 좌우 교대로 한다.

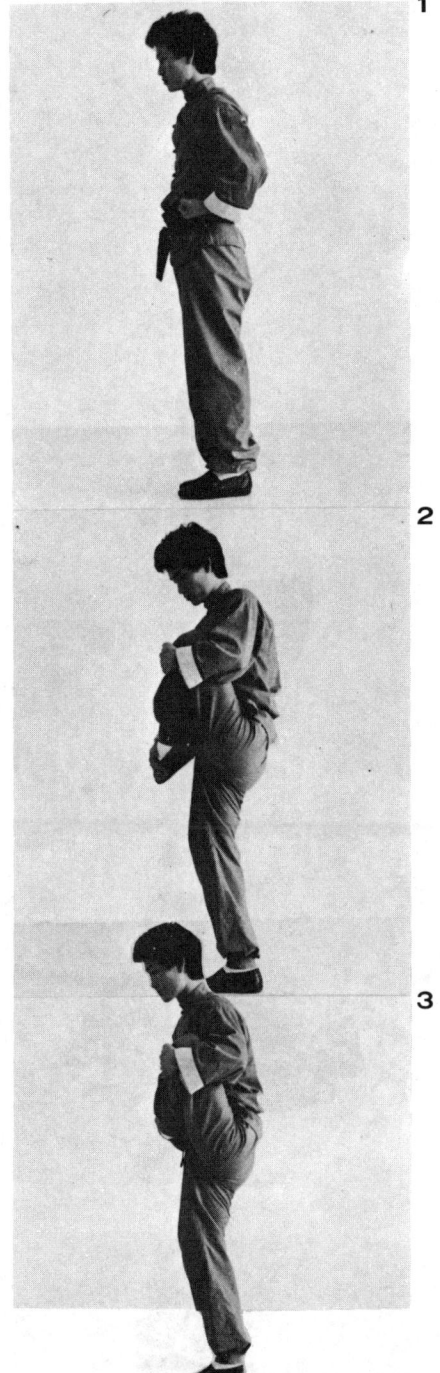

■ 단화 (端靴)

앞으로 무릎을 들어올려서 들어올린 발과 반대쪽의 손으로 발을 잡는다.

무릎을 굽히지 않고 당기며 고정 자세로 선 뒤에 반대로 행한다.

Ⓐ 발과 손의 방향이 반대인 경우에는 역점(力点)이 정면에 형성되어 버티기가 수월하다. 초보자는 이 방법부터 시작하는 것이 좋다.

A

B

Ⓑ 발과 손을 같은 쪽에서 잡으면 균형을 유지하기가 어렵다. 숙달 정도에 따라서 더 높이 잡아당겨 올린다.

■ 측반퇴 (側搬腿)

앞으로 무릎을 들어올려 발과 같은 쪽의 손으로 잡고 균형을 유지한다. 일정 시간이 지나면 반대쪽으로 한다.

1

2

■ 질차(跌跒)

한쪽 발은 무릎을 꿇고 한쪽은 든 채로 준비한다. 앞의 발을 뻗으면서 발을 잡고 상체를 앞으로 숙여서 붙인다. 일자공(一字功)을 하기 전의 단계인데 초보자의 사타구니 인대를 보호해 주는 훈련법이다.

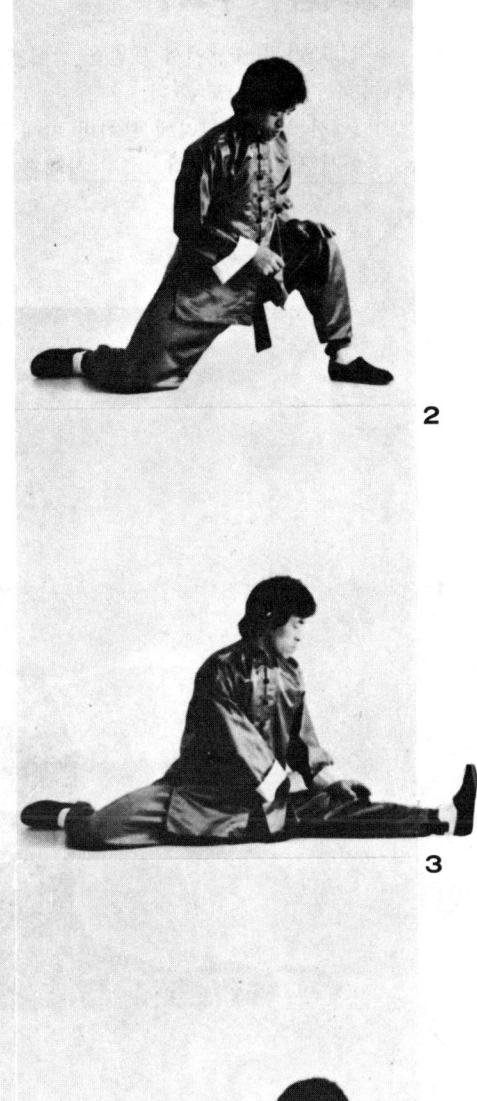

■ 일자공(一字功)

질차(跌叉)의 자세에서 뒷발을 뻗어 앞뒤로 곧게 뻗는다. 흔히 이 자세를 벽차(劈叉)라고 하기도 한다.
여기에서 상체를 다리에 붙이며 땅에 엎드린다. 손을 짚으면서 몸을 정면으로 틀어서 돌리며 앉는다. 다시 상체를 앞으로 엎드려 완전히 땅에 붙인다.

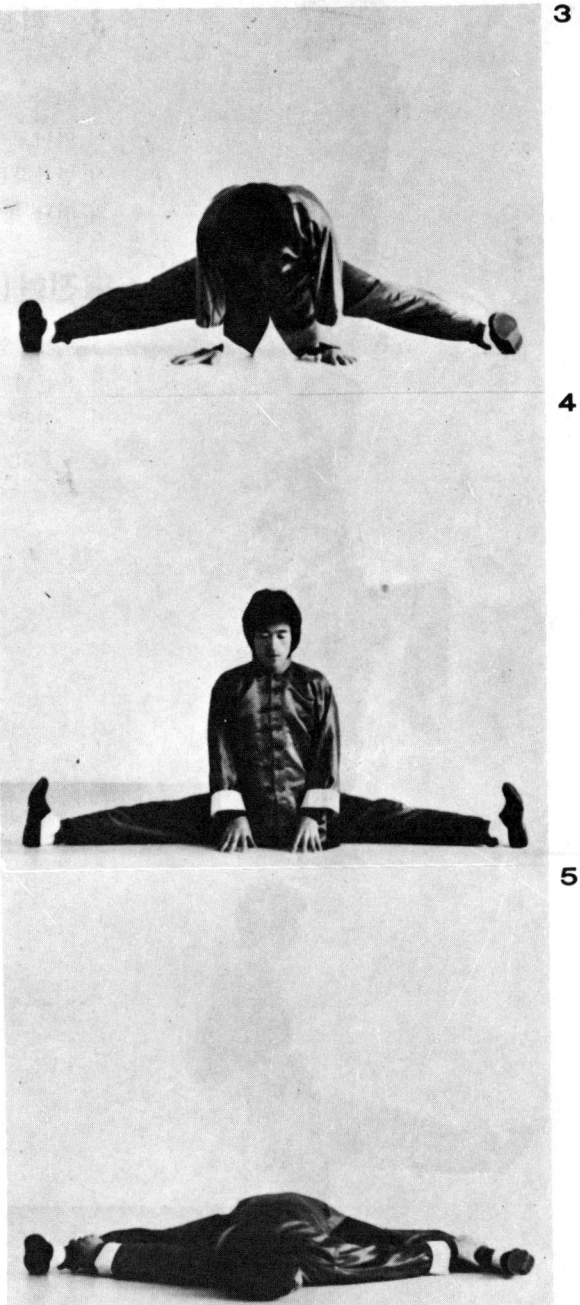

3. 현퇴(懸腿)

현퇴는 힘을 넣어서 발을 차는 것이 아니고 흔들거리듯이 풀어 주면서 반복하는 것이며 균형 감각과 힘의 전달 방법을 배울 수 있다.

■전현(前懸)

무릎을 앞으로 들어서 곧바로 뻗어 흔든다. 계속해서 반복하며 다리에는 힘을 주지 않는다. 어떤 물체를 붙잡고 해도 된다.

■측현(側懸)

무릎을 옆으로 들어서 옆으로 뻗어 낸다. 계속하여 흔드는 기분으로 반복한다.

제3장

기본 퇴격법 (基本腿擊法)

1. 십자등각(十字蹬脚)

앞에 내디딘 발과 반대쪽의 손으로 지른다(拗弓步衝拳). 지른 손을 뒤로 당기면서 지르기와 발차기를 같이 한다. 십자등각은 북파의 장권을 비롯한 각개의 문파에 포함되어 있다.

2. 분각(分脚)

손을 뒤로 돌려서 앞으로 쳐내리면서 발끝으로 앞을 차올린다.
실전에서는 상대의 공격을 쳐내리면서 앞으로 공격한다.

3. 등각 (蹬脚)

발을 차려는 쪽의 손으로 낭심을 가리고 다른 쪽으로는 얼굴 위쪽을 가린다. 몸을 틀면서 발뒤꿈치로 차 올린다.

연습에서는 높이 차지만 실전에서는 낮게 찬다.

4. 파각(擺脚)과 이합퇴(裡合腿)

양팔을 옆으로 벌리고 뒤에 있던 발을 안쪽에서 밖으로 돌려서 차낸다. 이것이 파각이다. 다시 양팔을 옆으로 벌려서 밖에서 안쪽으로 찬다. 이것을 이합퇴라 하는데 괄면각(括面脚)이라고 부르기도 한다.

5. 이기 십자등각 (二起十字蹬脚)

앞으로 뛰어나가면서 지르기와 차기를 같이 하는 기법이다. 뛰어나가는 것 이외에는 십자등각과 동일하다.

6. 이기분각 (二起分脚)

한쪽발로 앞을 차고 뛰어오르면서 다른 발을 찬다. 마지막 동작에서는 두손으로 발등을 친다.

7. 선풍각(旋風脚)

완전히 몸을 한바퀴 돌아서 차는 기술이며 공중으로 뛰어올라 돌면서 이합퇴와 같은 요령으로 찬다.

50

4   5

6   7

8. 전소퇴 (前掃腿)

앞으로 손을 짚으면서 뒤에 있던 발을 앞쪽으로 휘둘러 차돌린다. 상대의 발을 공격할 때 쓰이는 기법이다.

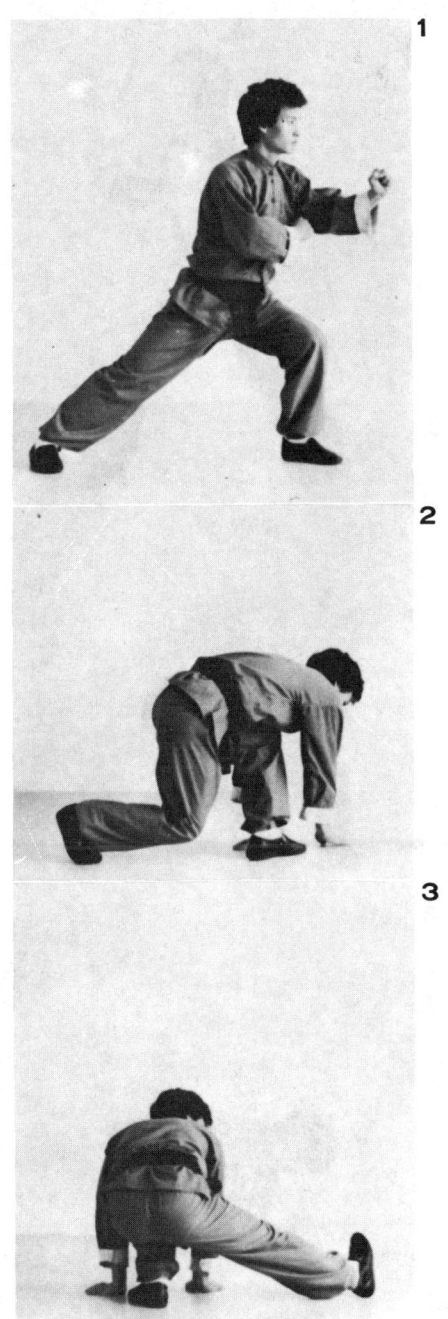

9. 후소퇴 (後掃腿)

손을 짚으며 자세를 낮추고 발을 뒤로 돌려서 차돌리는 기술인데 역시 상대의 발을 공격하는 데 쓰인다.

10. 파퇴 (擺腿)

뒤에 있는 발을 소퇴와 같이 앞으로 휘둘러 차는 것이며 상대의 다리나 등, 목 등 위쪽을 공격한다.

A 상단을 공격할 때의 자세

"발차기는 상대가 상상하지 못하는 방향에서 공격해야 하며 이 것을 자결로는 찬(鑽)이라 하고 습격공당(襲擊空撞)이라 한다. 지당권(地蹚拳)의 발차기는 누워서, 밑에서 위로, 옆에서 옆으로, 어느 방향으로나 자유롭다.!"

■ 파퇴(擺腿)의 응용

A 상대의 무릎 오금을 돌려찬다. 방어가 어려운 곳이며 타격을 받으면 쉽게 치료되지 않는다.
B 상대의 옆구리를 공격한다.
C 상대의 목을 감듯이 돌려 찬다.

11. 좌퇴(挫腿)

점퇴(点腿)로 정면을 차내고 그 발을 내릴 때는 뒤꿈치로 밟듯이 낮추면서 밀친다. 밀어차는 기분으로 연결시킨다.

1

2

3

■좌퇴의 응용

상대의 복부를 점퇴(点腿)로 차내고 상대가 뒤로 밀릴 때는 즉시 뒤꿈치로 내려서 낭심을 밟듯이 밀친다.

물론 무예의 정도에 따라서는 철두공(鐵頭功), 철당공(鐵膽功) 등이 있어서 정수리를 돌로 내려치거나 낭심을 아무리 세게 걸어차여도 통증이 없는 경우도 있다.

그러나 보편적인 사람의 약점은 낭심이다.

"퇴격(腿擊)은 그 위력이 강대한 반면에 길이가 길어서 회수하는 데 시간이 걸린다. 따라서 간단한 수법에도 걸려 중심을 잃게 된다. 퇴격은 상대의 하단을 공격하는 중요 수단으로 쓰일 때 그 진가를 발휘하게 된다. 위를 치는 것 같으며 아래를 차고, 아래를 차는 것 같으며 위를 공격한다."

제2편

퇴격법의
腿擊法
기본 응용

제1장
부인각(斧刃脚)의 활용

중국 무술의 많은 문파에 부인각의 기술이 들어 있다. 하단을 공격하는 위력이 크며 주된 공격 목표는 무릎 이하이다.

1. 부인각(斧刃脚)

발을 측면으로 비틀어서 발끝이 밖을 향하도록 하여 발의 안쪽으로 차낸다.

■ 부인각(斧刃脚)의 응용

A 상대의 무릎을 차낸다. 수법과 연결하여 사용할 때는 상대와의 거리를 넓히기 위해서 부인각을 사용하기도 한다.

B 부인각으로 상대의 오금을 밟듯이 차내며 수법이 미치지 못하게 하거나 발의 공격을 저지할 때 사용한다.

2. 벽추(劈捶)와 부인각(斧刃脚)의 연결

오른발이 앞으로 있는 자세에서 우권을 앞으로 지르고 그 팔 밑으로 좌장을 찔러올린 뒤에 감아서 잡아 내며 우권은 아래로 내린 다음 다시 머리 위로 돌려 아래로 내려치고 왼발을 부인각으로 차낸다.

■ 벽추·부인각의 응용

상대가 우권을 막으면서 잡으면 팔 밑으로 좌장을 넣어서 바꿔 잡는다. 왼발로는 상대의 무릎을 차고 우권은 위에서 아래로 내려쳐서 쓰러뜨린다. 벽추는 상대의 머리를 때리기보다는 어깨나 목을 때린다.

퇴격법의 기본 응용 / 65

4

5

3. 부인각(斧刃脚)과 답근(踏根)의 연결

뒤에 있는 발을 앞으로 세게 차내면서 발을 회수하지 않고 그대로 밟아 내린다. 부인각에서 궁보로 변할 때는 시간차를 두지 않고 단숨에 해야 한다.

■부인각과 답 근의 응용

상대와 마주서서 상대가 나오려는 순간에 무릎을 차면서 정강이를 짓밟아 내리며 발등을 밟는다. 발등에는 통증을 심하게 느낄 수 있는 급소가 많다.

4. 절퇴(截腿)

왼발이 앞으로 나간 자세에서 오른발을 전진하면서 우권을 지른다. 이어서 좌장을 지르면서 좌부인각으로 정면을 찬다.

차올린 부인각을 내려 밟으면서 오른발로 전진하여 궁보가 되고 오른 팔을 쳐낸다.

■ 절퇴의 응용 1

상대와 마주서서 상대가 발을 차려고 하는 순간에 사진 A와 같이 안쪽에서 밖으로 상대를 벌리듯이 차내거나 B와 같이 정면으로 차서 발을 막는다.

▰절퇴의 응용 2

상대가 전진하기 위하여 오른발을 앞으로 내딛는 순간에 좌부인각으로 무릎을 차고 같은 시간에 좌장으로 상대의 눈을 때린다. 상대가 오른발을 피하면서 뒤로 빼면 좌부인각을 내려딛고 오른발을 상대의 뒤로 내딛으면서 궁보가 되고 우괘수로 상대의 목을 쳐낸다.

물론 고법(靠法)이 포함되면 더 큰 위력을 낼 수 있다.

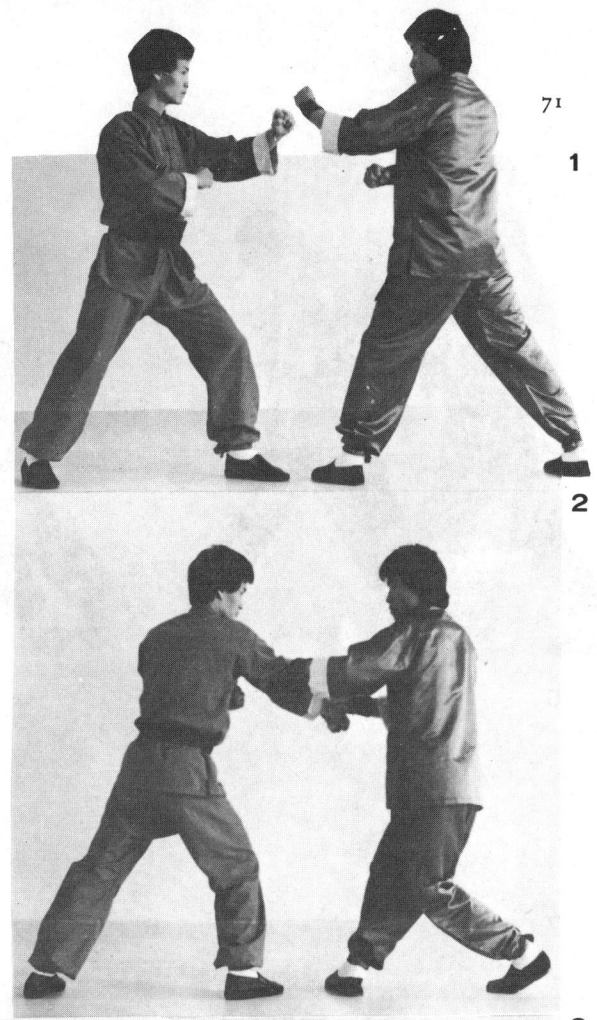

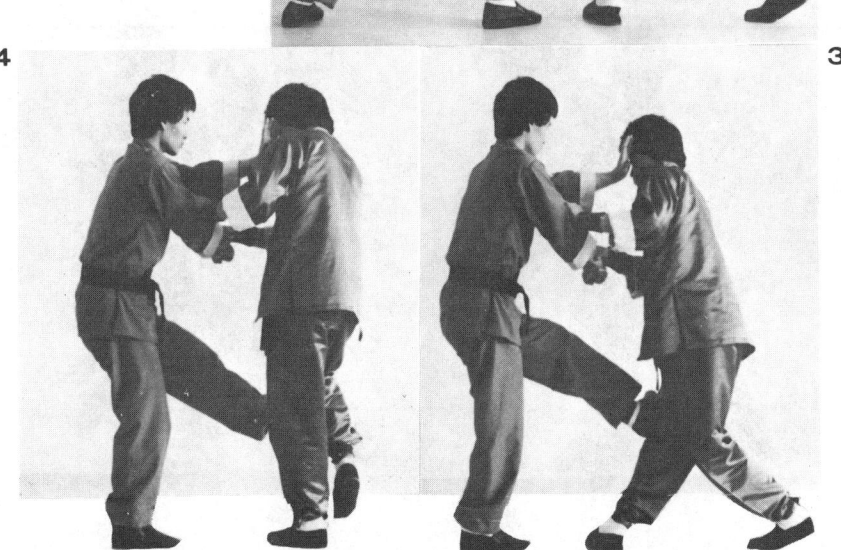

72

5   6

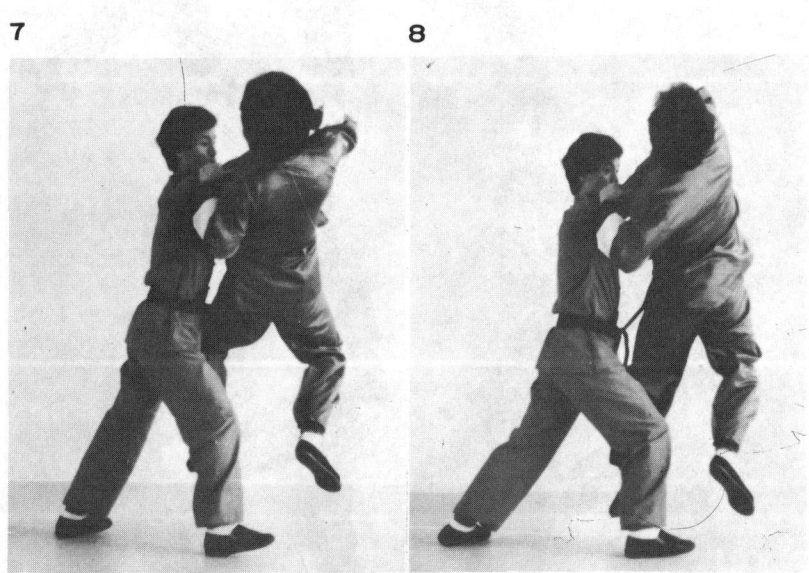

7   8

5. 부인각(斧刃脚)과 권추연환퇴(圈捶連環腿)의 연결

오른발이 앞으로 나간 자세에서 왼발을 앞으로 차내며 뛰어올라서 우권추와 우이합퇴로 공격한다.

■부인각과 권 추연환퇴의 응용

상대가 우권으로 공격을 해오면 쌍봉수로 잡으면서 좌부인각으로 무릎을 차고 밟으면서 그대로 뛰어올라서 우권추와 우각으로 동시에 공격한다. 매우 치명적인 공격을 가할 수 있다. 도약력을 충분히 연습해야 한다.

퇴격법의 기본 응용 / 75

4　　　　　　　5

6　　　　　　　7

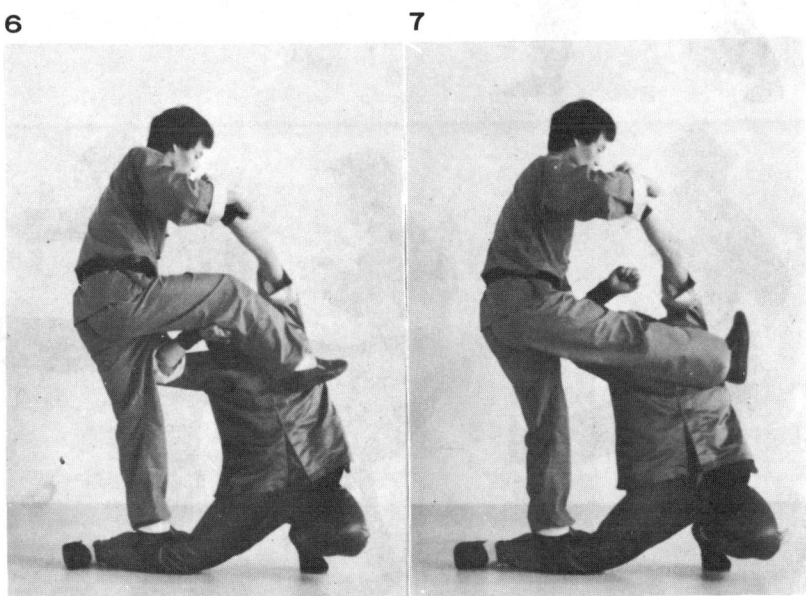

6. 부인각(斧刃脚)과 이기(二起) 십자등각(十字蹬脚)

왼발이 앞으로 나간 자세에서 좌수를 조수로 잡으면서 우부인각을 차낸다. 그대로 뛰어 오르며 우권과 좌등각을 동시에 지른다.

■부인각과 이기 십자등각의 응용

 상대가 앞으로 나오면서 좌권을 지르면 좌조수(左勾手)로 막으면서 우부인각으로 무릎을 찬다. 만일 상대가 왼발을 당겨서 피하면 그대로 뛰어올라서 우권과 좌등각을 동시에 공격한다.

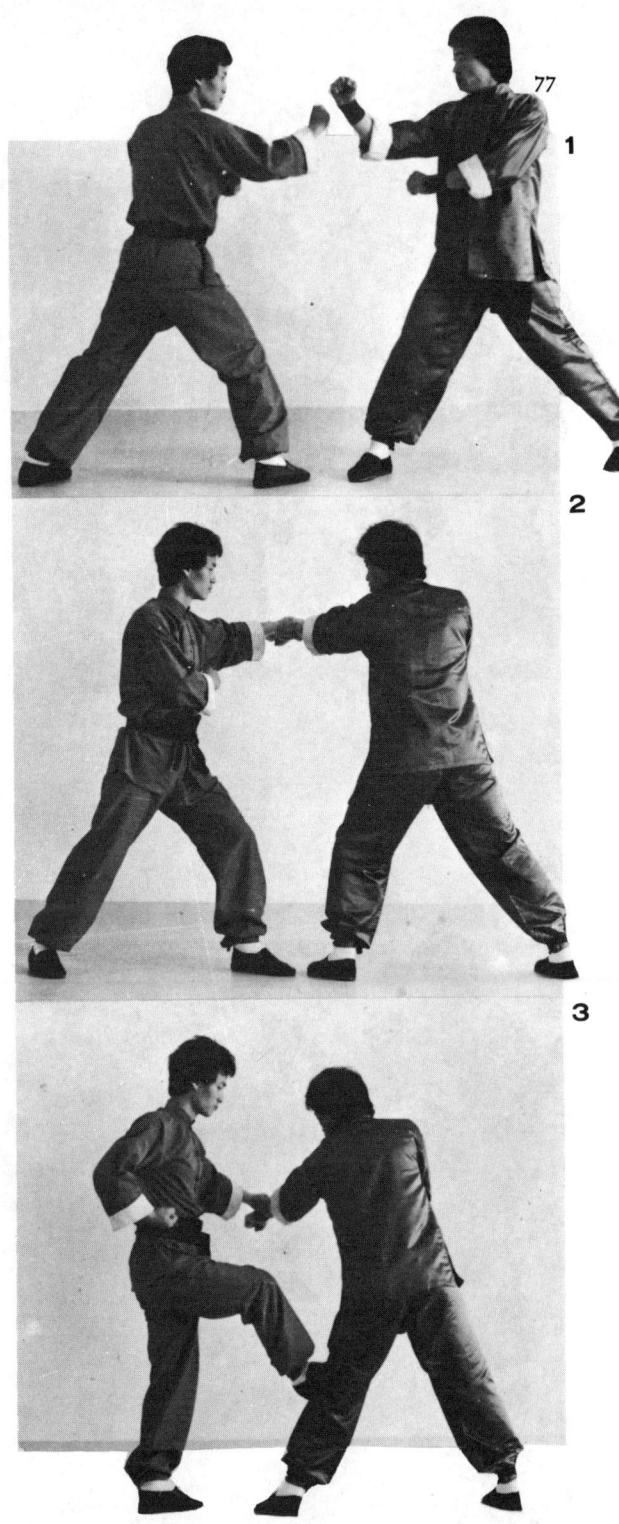

78

4 5

6 7

제 2 장
횡등퇴(橫蹬腿)의 활용

횡등퇴는 옆차기인데 측단(側踹), 단각(踹脚) 등의 용어로 쓰인다.

낮게 찰 때는 매우 위협적이고 위력이 세지만 높이 차면 찰수록 안정성이 떨어진다.

1. 횡등퇴 (橫蹬腿)

몸을 돌리면서 뒤에 있는 발로 차 내는 것이며 사진 2 는 상대의 다리를 목표로 찬 것이고 3 은 복부나 옆구리를 목표로, 4 는 목을 목표로 찬 것이다.

80

3

4

하단(下段)의 응용

상대가 오른발로 발차기를 해오면 몸을 돌리면서 상대의 무릎을 차낸다. 타이밍이 적절히 맞으면 상대의 다리는 부러진다.

1

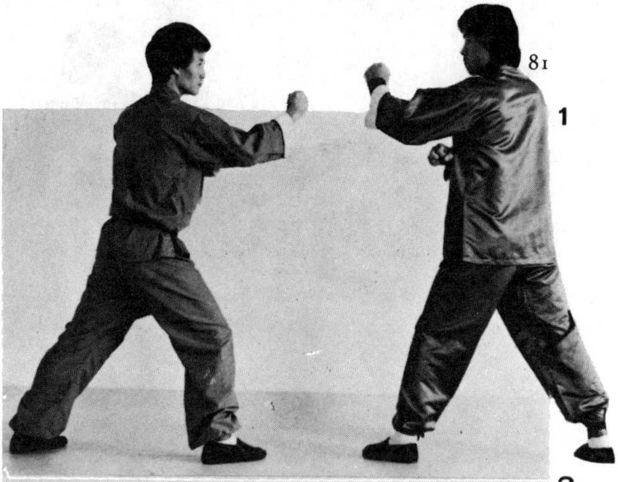

2

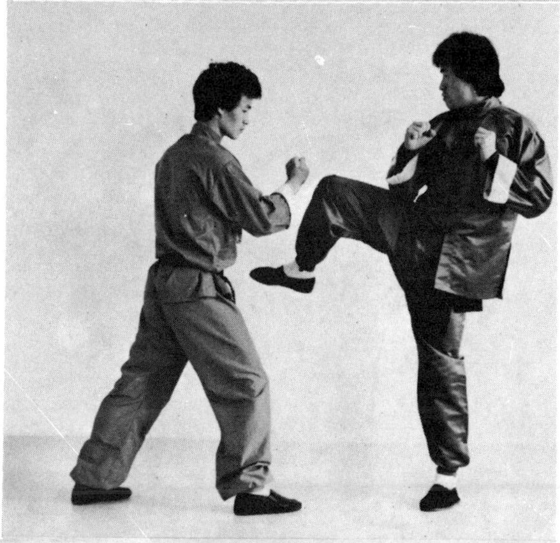

3

4

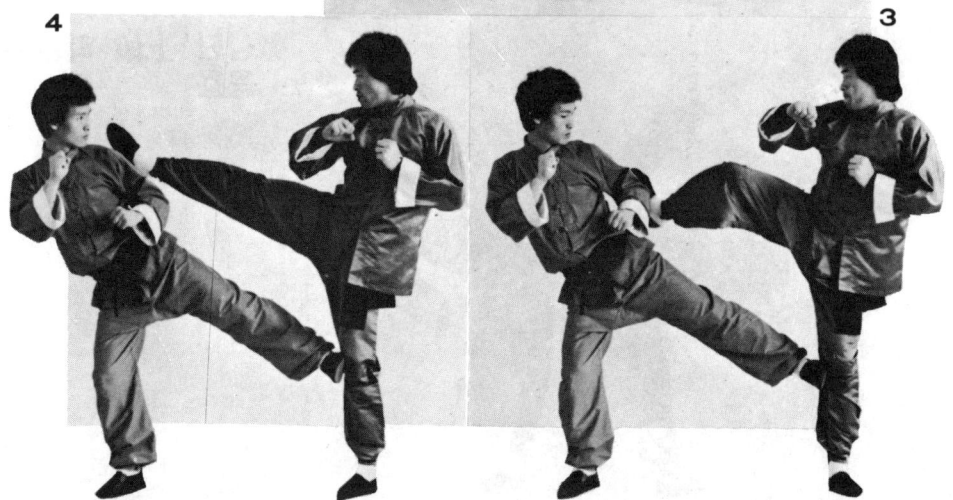

■중단(中段)의 응용

중단은 낭심이나 옆구리를 목표로 하는 것인데 요령은 하단과 같다.

■상단(上段)의 응용

상대의 턱을 목표로 하고 차올린다.

2. 쌍봉수단각(雙封手踹腳)

일반적인 옆차기는 뒤쪽의 발로 하지만 쌍봉수가 있기 때문에 앞발을 사용한다. 상체를 급히 숙이면서 차낸다.

■쌍봉수 단각의 응용

상대가 우권으로 공격을 시도해 오면 우수, 좌수의 순서로 위에서 아래로 봉(封)하며 뒤로 끌어당기고 앞에 있던 발로 상대의 목을 차낸다.

3. 투보(偸步) 횡등퇴(橫蹬腿)

상대와의 거리를 맞추거나 상대의 시선을 속이는 시간차 공격을 할 때 사용하는 옆차기이며 투보와 연결을 잘 지으면 더 큰 위력을 얻을 수도 있다.

투보 횡등퇴는 주로 낮은 목표에만 쓰인다.

■ 횡등퇴의 공격 방향과 목표

A 앞에 있는 발로 급격히 차내는 것이며 상대의 진입을 저지하는데 그 목적이 있다.

B 뒤에 있는 발로 차는 것이며 선제 공격의 의미가 포함되어 있고 상대가 쉽게 방어할 수 없는 안정성이 높다.

C 상대의 옆구리를 선제 공격한 상태인데 상대가 방어하기도 쉽고 반격할 수도 있어 안정성이 낮다.

4. 절등퇴(截蹬腿)

오른발을 앞으로 한 자세에서 급히 무릎을 당겨 들어올린 뒤에 다시 낮게 차낸다. 전체의 동작은 끊어지지 않는 일기가성(一氣呵成)으로 이루어져야 한다.

■절등퇴의 응용

상대가 오른발로 차내면 급히 발을 들어올려서 상대의 무릎 오금을 걸어차고 그 탄력을 얻어서 상대의 무릎 안쪽을 밟듯이 차낸다.

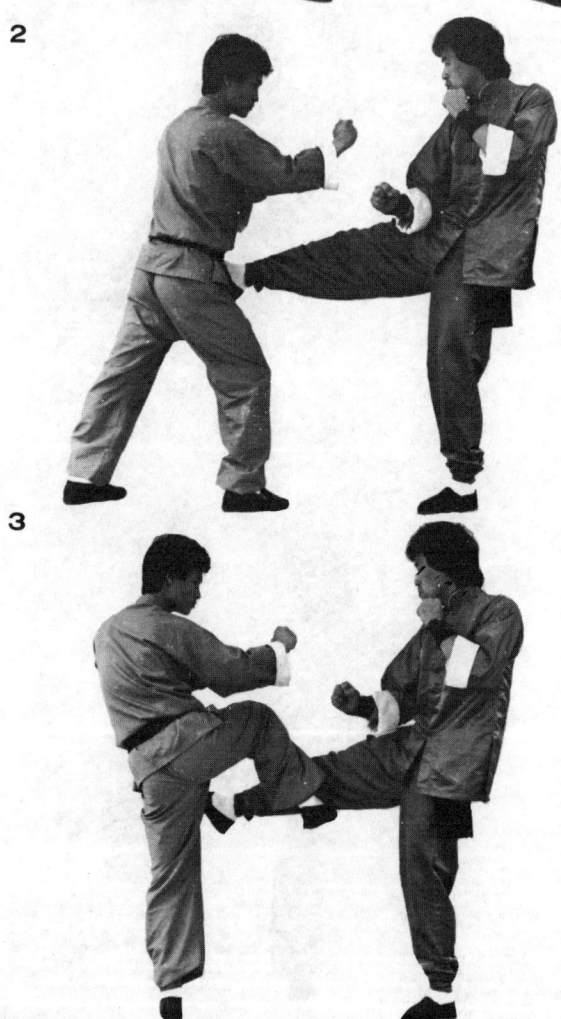

5. 쌍봉수단각(雙封手踹脚)과 앙방주(仰幫肘)의 연결

우수, 좌수의 순서로 위에서 아래로 봉하면서 왼발로 옆차기를 한다. 차올린 왼발을 내려딛으면서 오른손을 왼손의 팔목에 대고 위로 쳐낸다.

퇴격법의 기본 응용 / 91

4　　　　　　　5

6　　　　　　　7

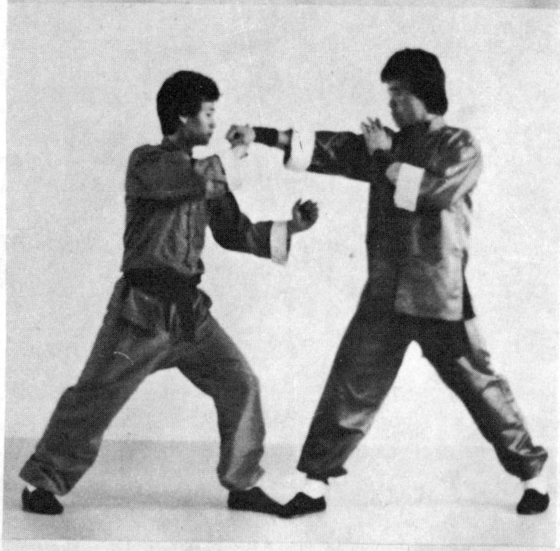

■쌍봉수단각과 앙방주의 응용

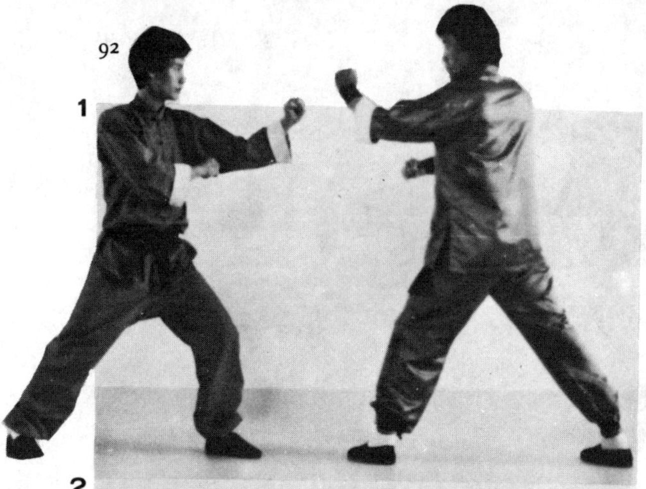

상대가 우권으로 공격을 해오면 우수, 좌수의 순서로 위에서 아래로 봉(封)하고 왼발차기를 막으면서 빠진다. 쌍봉수에 걸리면 도수(挑手)를 사용하여 찔러올린 뒤에 당기면 쉽게 빠질 수 있다. 빠져나가는 상대를 따라 들어가면서 왼팔의 팔꿈치는 복부, 팔날은 가슴, 권으로는 턱을 치며 뒤로 쓰러뜨린다. 좌권에 우권을 포개어 힘을 더욱 모은다.

6. 회신단각 (回身踹脚)

한바퀴 돌면서 옆차기를 하는 기술인데 빠른 몸의 회전을 이용하여 위력을 증대시킬 수 있다.

Ⓐ 상단을 공격했을 때의 자세

회신단각의 응용

상대가 오른발을 전진하면서 거리를 맞추고 왼발로 공격을 가해 오면 몸을 급히 뒤로 돌면서 다리를 차낸다.

1

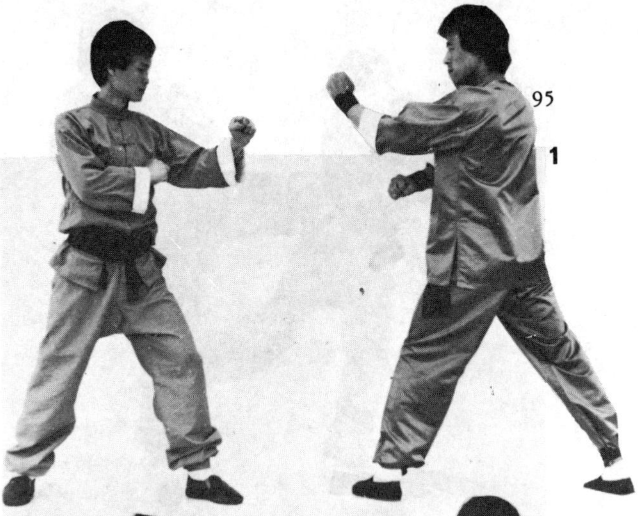

2

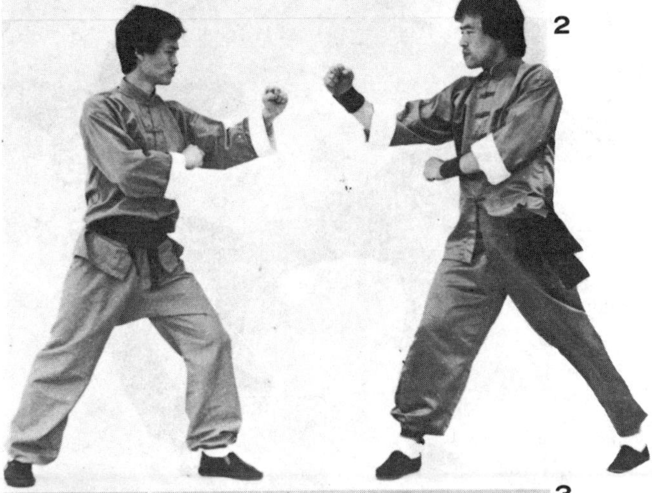

3

4

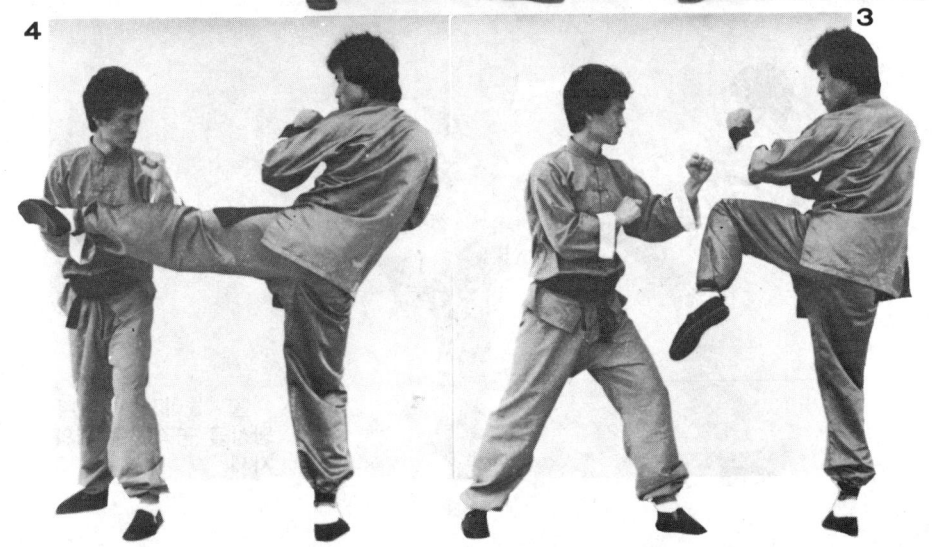

A 돌아서 복부나 낭심을 공격했을 때의 자세

7. 등공(騰空) 번신단각
(翻身踹脚)

뛰어오르면서 몸을 한바퀴 돌려서 옆차기를 하는 것이며 공수도나 태권도의 뛰면서 뒤돌아 옆차기와 같은 것이다. 장권 계통의 기술이다.

5

▒등공 번신단 각의 응용

상대가 발을 높이 들어서 파각(擺脚)으로 공격해오면 뛰어돌면서 그 지탱된 중심축의 다리를 찬다.

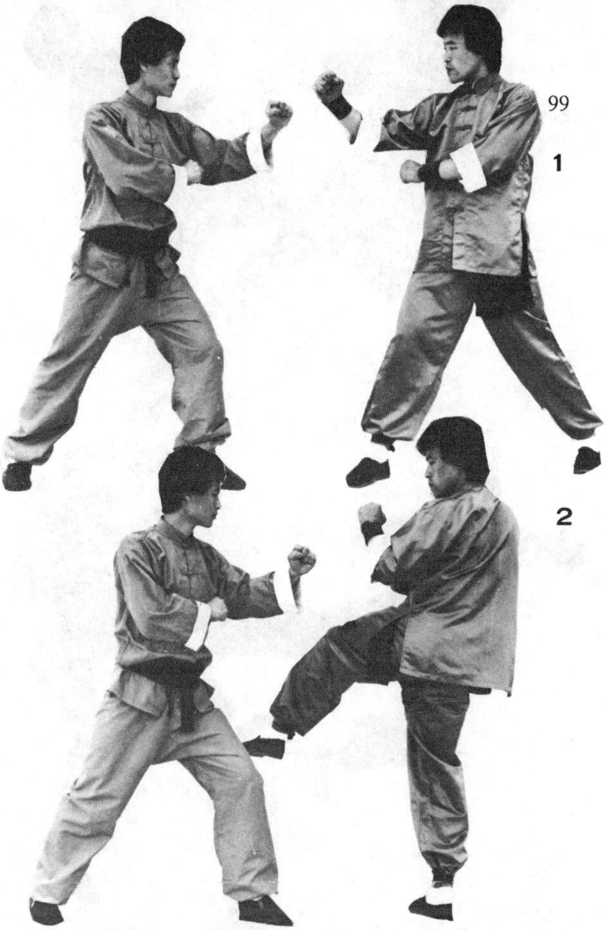

1

2

3

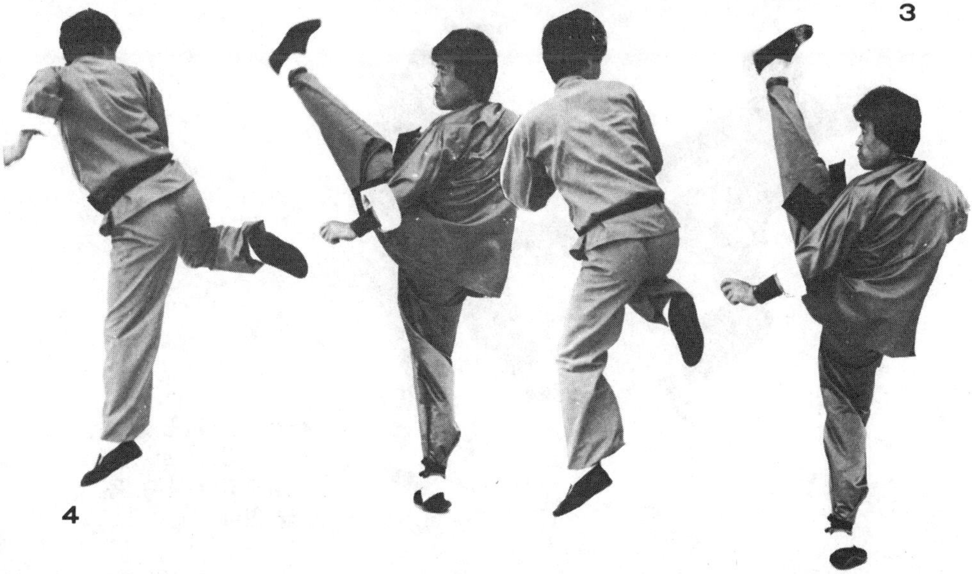

4

● 상단 공격 (上段攻擊)
같은 방법으로 상대의 옆구리나 복부, 목, 등을 찬다.

8. 등공단각(騰空踹脚)

제자리에서 뛰어오르면서 옆차기를 하는 것이며 위력이 매우 크고 안정성도 높다.

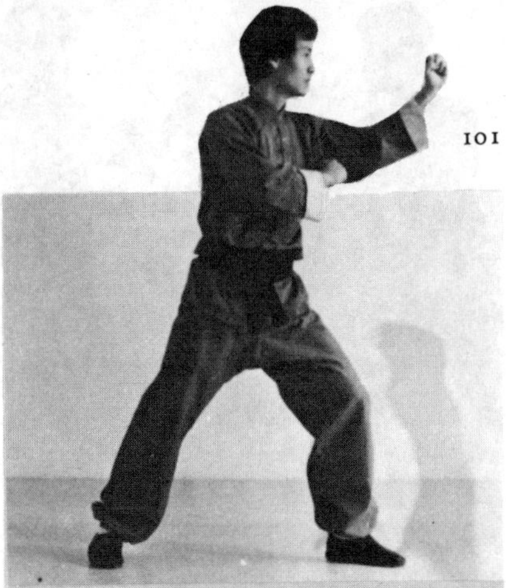

1

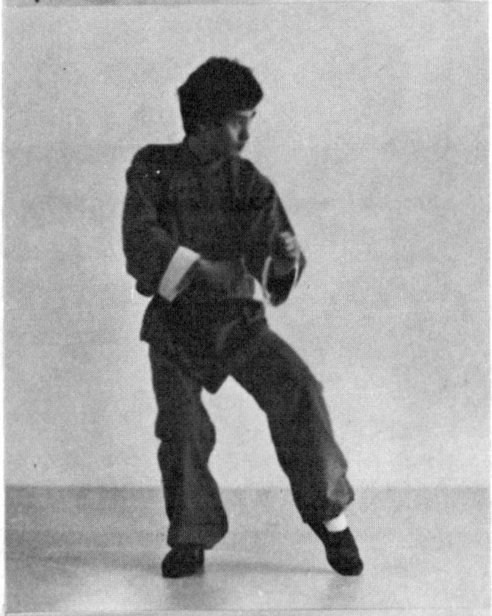

2

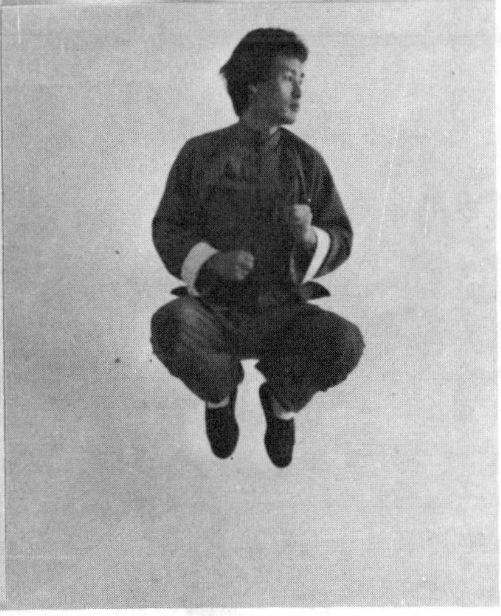

3

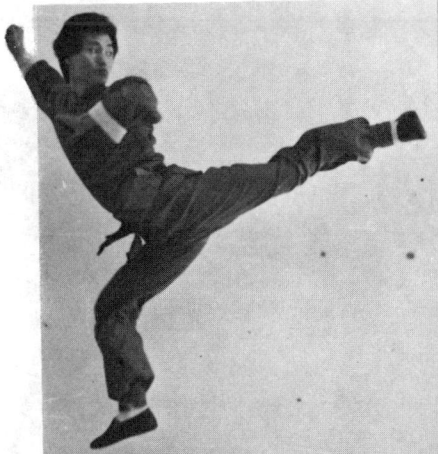

■등공단각의 응용 1

상대의 지르기를 막으면서 뛰어나가듯이 옆차기를 하는 것인데 상대를 놓지 않고 차면 매우 큰 상처를 줄 수 있다.

등공단각의 응용 2

상대가 부인각으로 다리를 공격하며 나오면 제자리에서 높이 뛰면서 옆차기를 한다.

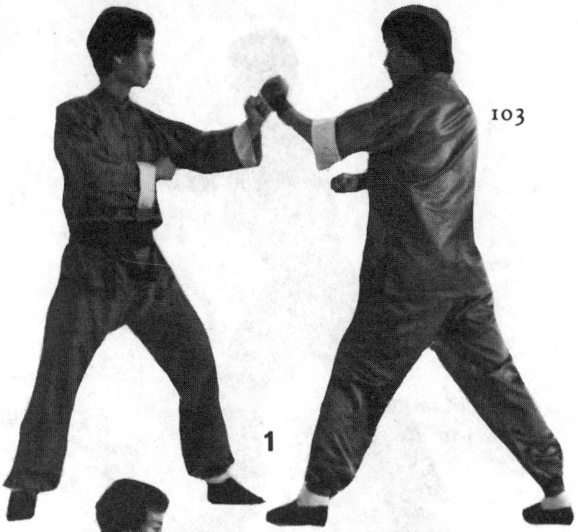

1

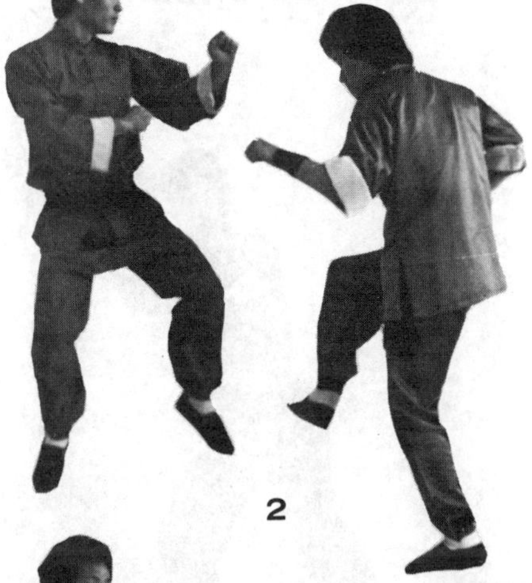

2

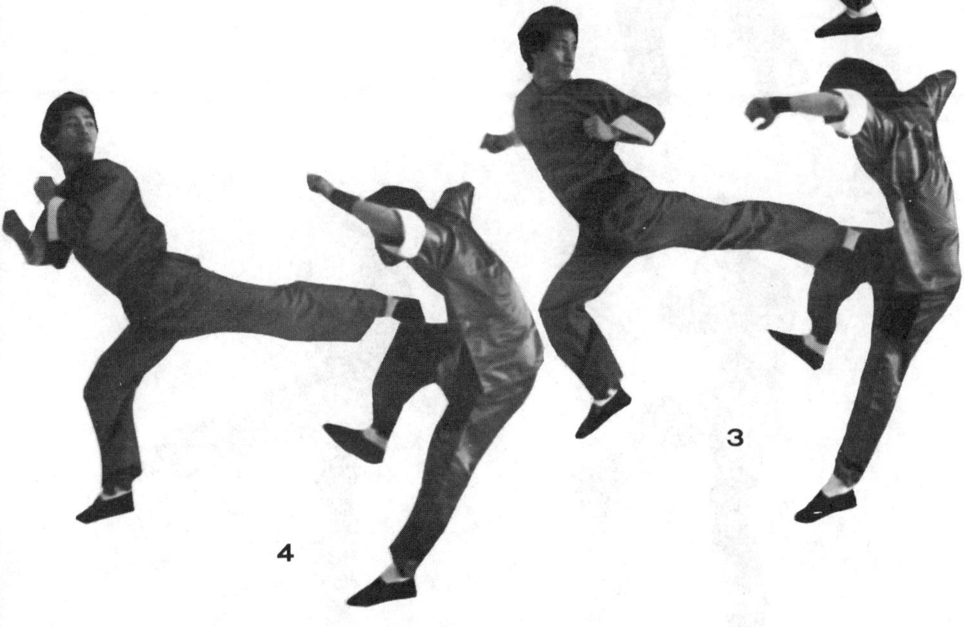

3

4

9. 횡벽추(橫劈捶)와 단각(蹋脚)의 연결

오른발이 앞에 있는 자세에서 우권을 좌로 휘둘러치고 뒤에 있던 왼발로 옆차기를 한다. 두 가지 기법을 동시에 하는 것이 아니고 하나, 둘의 동작으로 나누어서 한다.

▒횡벽추와 단각의 응용

상대가 우선척(石旋踢)으로 상단을 차오면 우권으로 위에서 옆으로 쳐서 밀쳐 버리고, 오른발의 발끝을 틀면서 그 사이에서 옆차기를 한다.

1

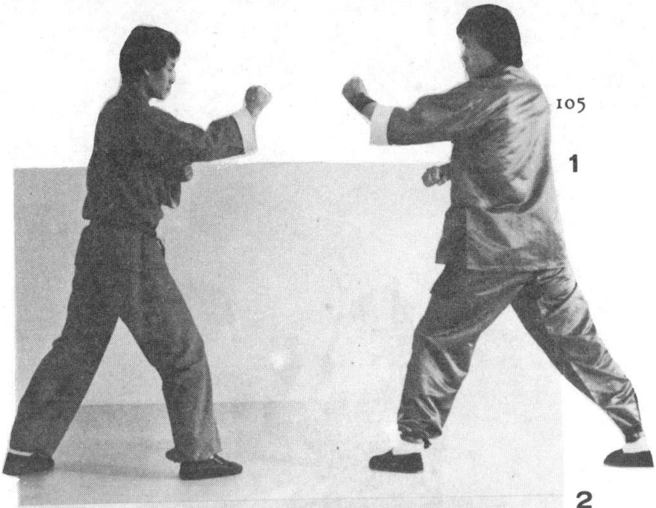

2

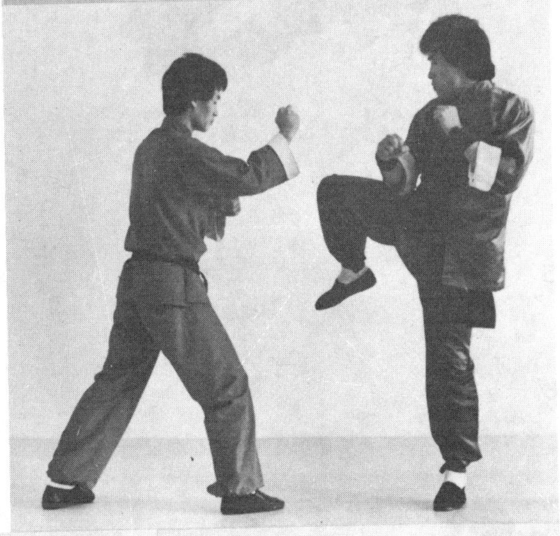

3

4

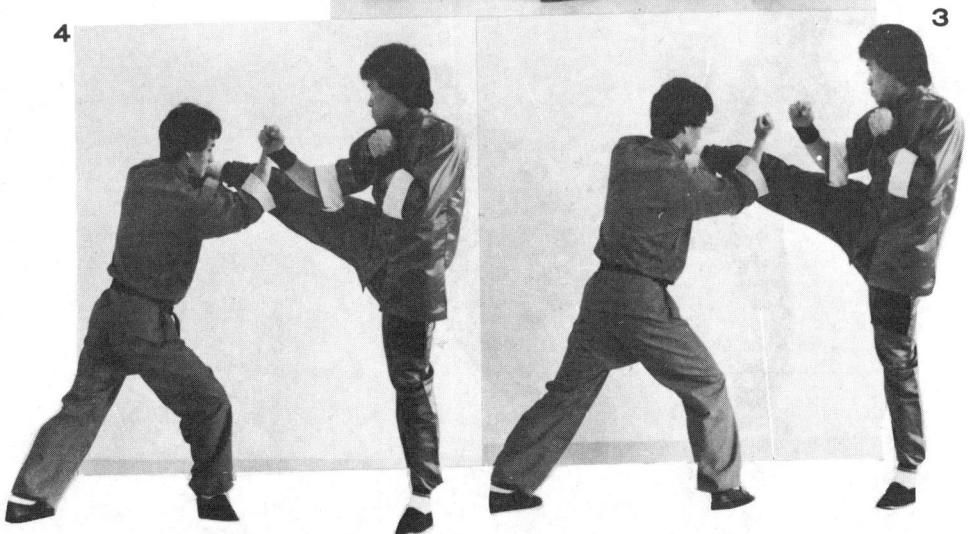

5

6

퇴격법의 기본 응용 / 107

제 3 장
점퇴(点腿)의

점퇴(点腿)는 수법(手法)으로 생각하면 점혈에 해당되는 것이며 특정 부위의 급소를 공격하는 퇴법인데, 매우 어렵고 숙련을 필요로 한다.

1. 순수기랑(順水起浪)

발목을 굽힌 상태에서 무릎을 높이 들면서 옆으로 차내고 즉시 아래로 내려서 뒤꿈치로 찍는다.

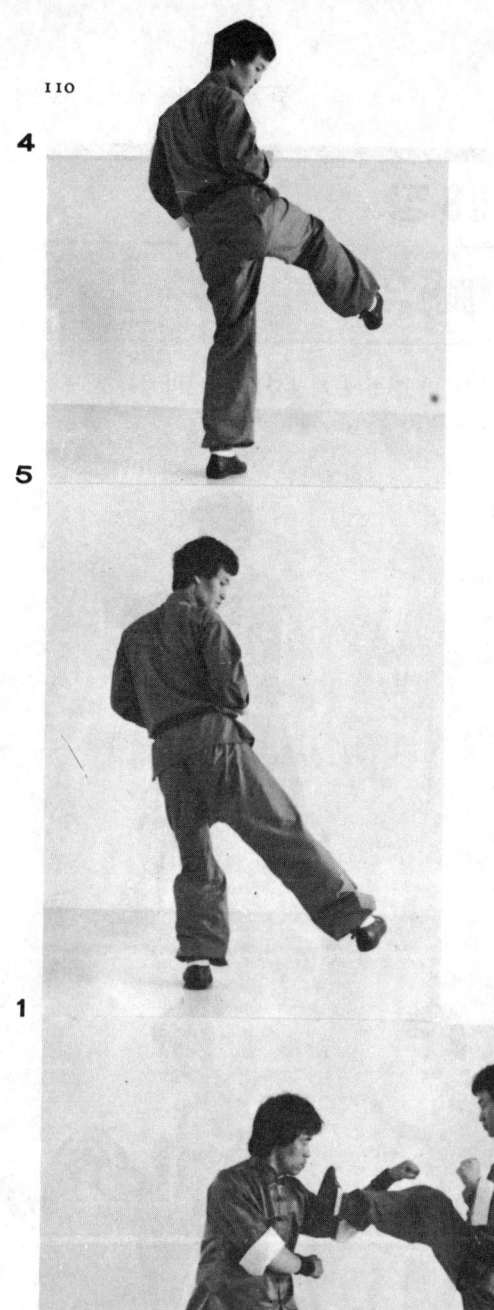

■순수기량의 응용

　상대가 전진하면서 지르기로 공격을 하면 뒤꿈치로 어깨 앞을 찍어서 정지시키고 아래로 내려서 허벅지 안쪽이나 무릎 안쪽을 찍어 뒤로 차낸다.

2. 점당퇴(点膪腿)

점당퇴는 낭심을 발끝으로 차는 퇴법인데 연청권 등에서 볼 수 있는 독특한 기법이다.

요음각 보다도 위력이 있고 근접 거리에서도 쓸 수 있다.

■점당퇴의 응용

Ⓐ 상대의 지르기를 막으면서 몸을 옆으로 피하여 (閃身) 발끝으로 낭심을 찬다.

A

A

A

B 발끝으로 사타구니를 차는 기법으로 변화할 수 있는데 이것은 점과퇴(点胯腿)라 한다.

C 발의 위치를 올려서 명치를 찰 수 있다.

D 옆구리나 요안, 지실, 장문혈 등을 공격할 수 있다.

■ 퇴격(腿擊)에 대한 점당퇴의 위치 변화

1

2

3

낭심

명치

장문

풍시

3. 전점퇴(前点腿)

흔히 말하는 앞차기인데 발끝을 굽혀서 끝으로 차낸다.

1

2

낭심 1

2

명치

옆구리

■전점퇴의 응용

상대의 발차기를 안쪽에서 걸어 차내고 그 발을 그대로 상대의 뒤쪽으로 돌려서 뒤꿈치로 위중(委中)을 찍어 당긴다.

제4장
선퇴(旋腿)의 활용

선퇴는 선척(旋踢)이라고 하기도 하며 돌려차기를 말한다.

1. 선척(旋踢)

무릎을 높이 들면서 몸을 옆으로 틀고 발등으로 차낸다.

퇴격법의 기본 응용 / 123

하단

중단

상단

■선척의 응용

하단

중단

퇴격법의 기본 응용 / 125

상단

상단

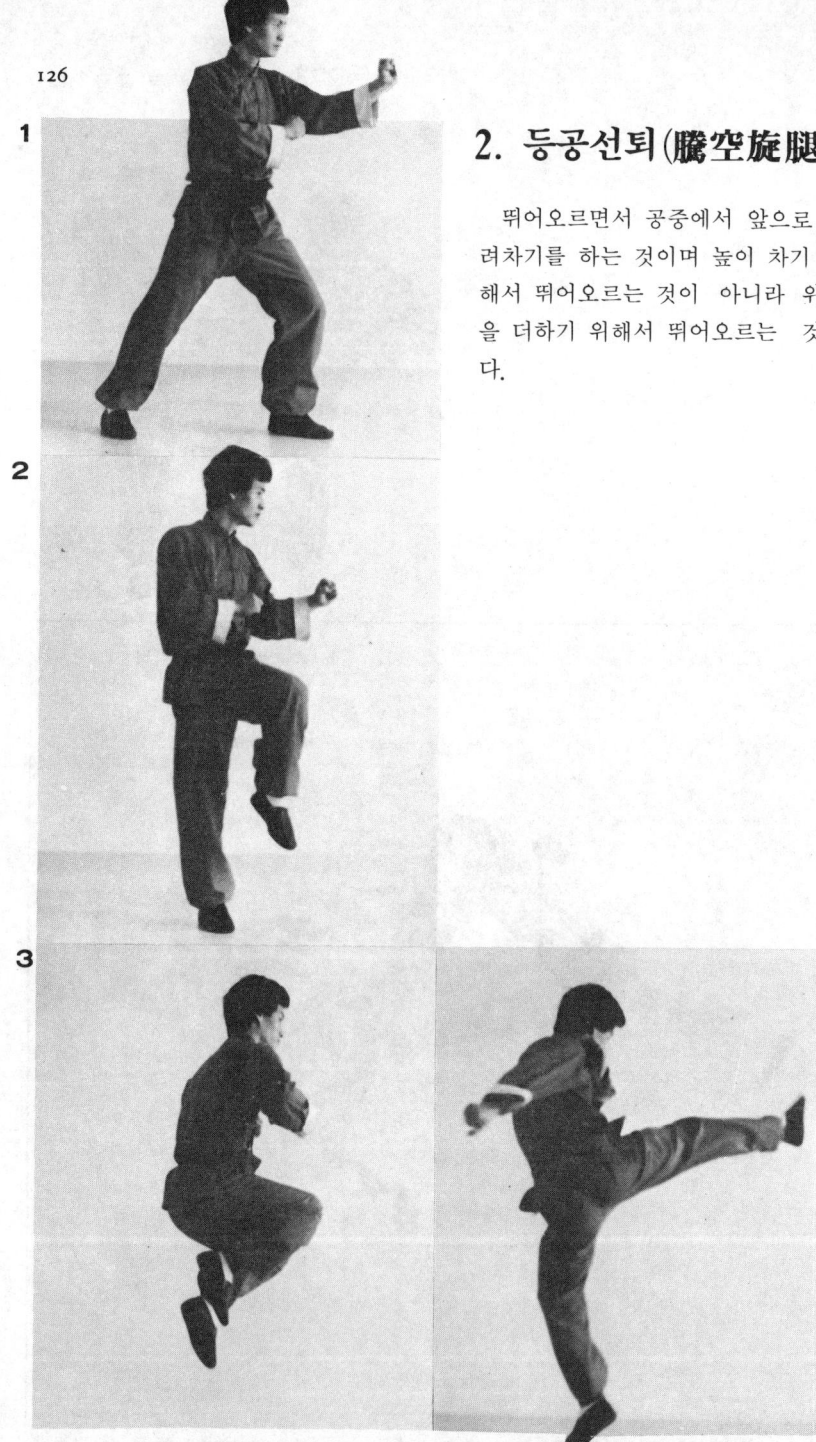

2. 등공선퇴(騰空旋腿)

뛰어오르면서 공중에서 앞으로 돌려차기를 하는 것이며 높이 차기 위해서 뛰어오르는 것이 아니라 위력을 더하기 위해서 뛰어오르는 것이다.

■등공선퇴의 응용 1

상대가 권으로 공격을 해오면 뛰어오르면서 발등으로 돌려차기를 한다.

■ 등공선퇴의
  응용 2

상대가 같이 선퇴의 공격을 해올 때 그것을 누르면서 뛰어올라 발등으로 옆구리를 찬다.

제5장
괘퇴(掛腿)의 활용

괘퇴는 걸어서 차는 것이며 실전에서 매우 중요한 위치를 차지하고 있다. 특히 상대의 발차기 공격을 저지하는 데는 부인각과 같이 사용할 경우 다양하게 변할 수 있다.

1. 괘퇴(掛腿) 쌍추장 (雙推掌)

발을 옆으로 벌려 딛으면서 양손바닥으로 쳐내고 뒤에 있던 발을 앞으로 차낸다.

3

4

1

■괴퇴쌍추장의 응용

상대의 공격을 막아 밀면서 몸을 옆으로 빠지고 상대의 사각에서 뒷발을 걸어차 내면서 등을 쌍장으로 밀쳐 낸다.

1

■괘퇴격주의 응용

상대의 공격을 감아 잡으면서 발끝으로 상대의 발 뒤꿈치를 걸고 정강이로 누르면 상대가 쓰러진다. 이때 격주로는 팔꿈치를 공격한다. 격주와 괘퇴는 같은 시간에 이루어져야 한다.

2

3

2. 구마(扣馬) 봉후(封喉)

뒷발을 전진하여 발끝을 안으로 오므리면서 우장의 호구(虎口)로 앞으로 쳐낸다.

구마 봉후의 응용

상대가 아래에서 위로 공격을 해오면 위에서 아래로 내려 막으면서 뒷발을 전진하여 상대의 발뒤꿈치를 감아서 걸고 목을 잡아서 뒤로 던져 버린다.

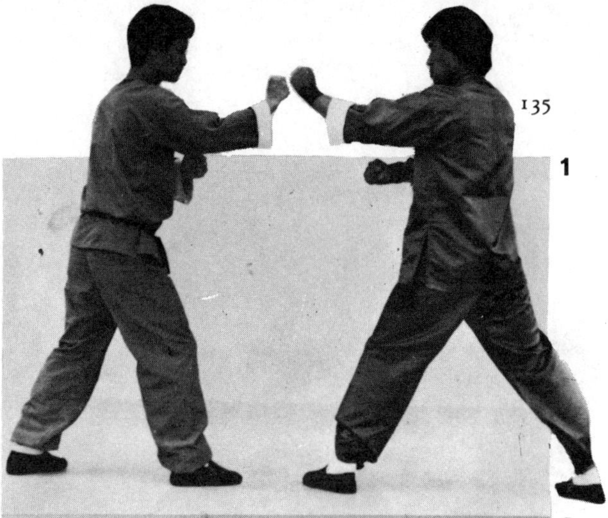

1

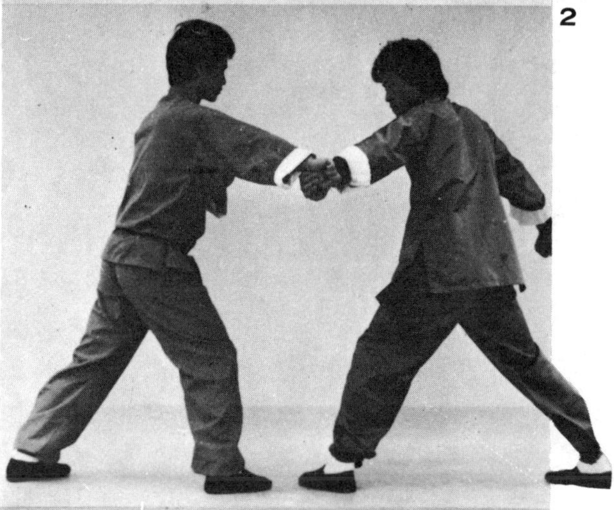

2

3

4

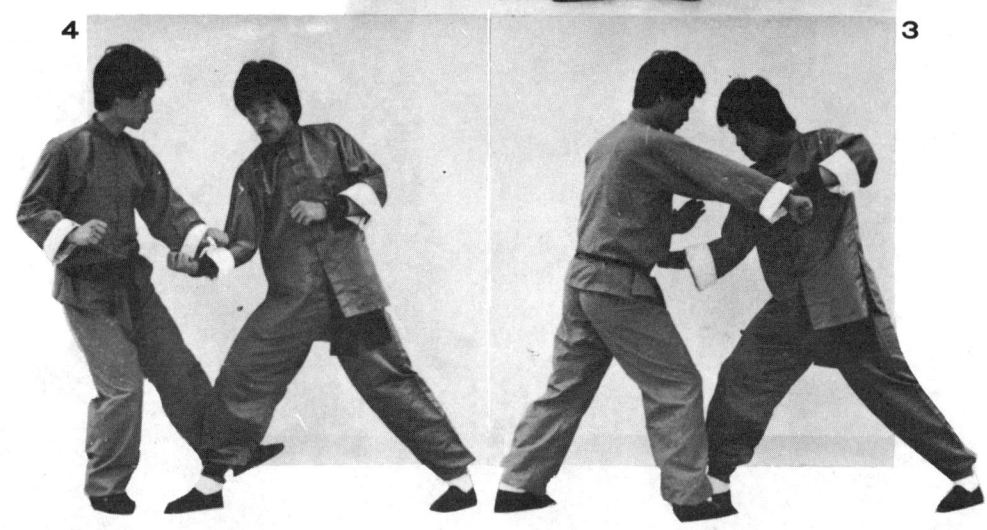

136

5 6

7 8

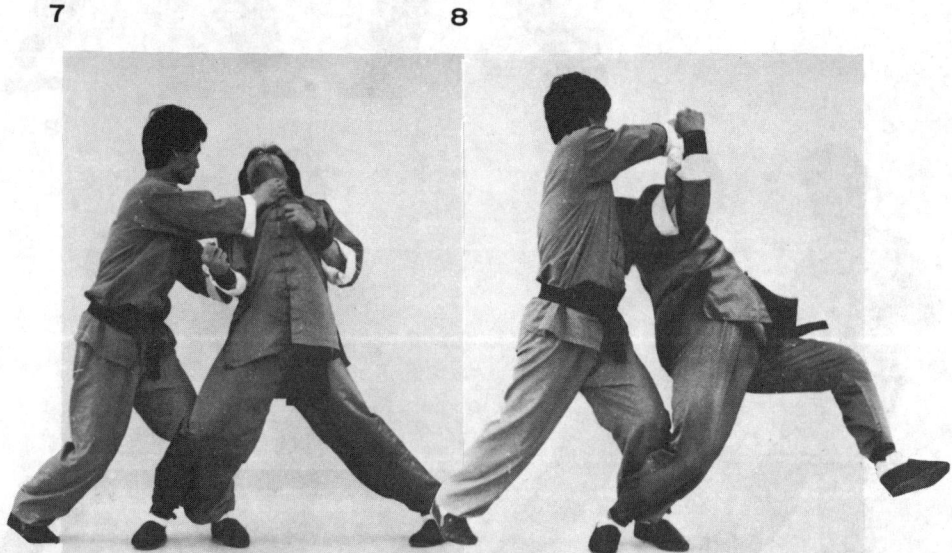

괘퇴의 응용1

상대의 돌려 차기를 몸을 숙여서 피하면서 구(抅), 루(摟)와 같은 방법으로 잡으면서 그 아래에서 무릎을 걸어 차낸다.

1

2

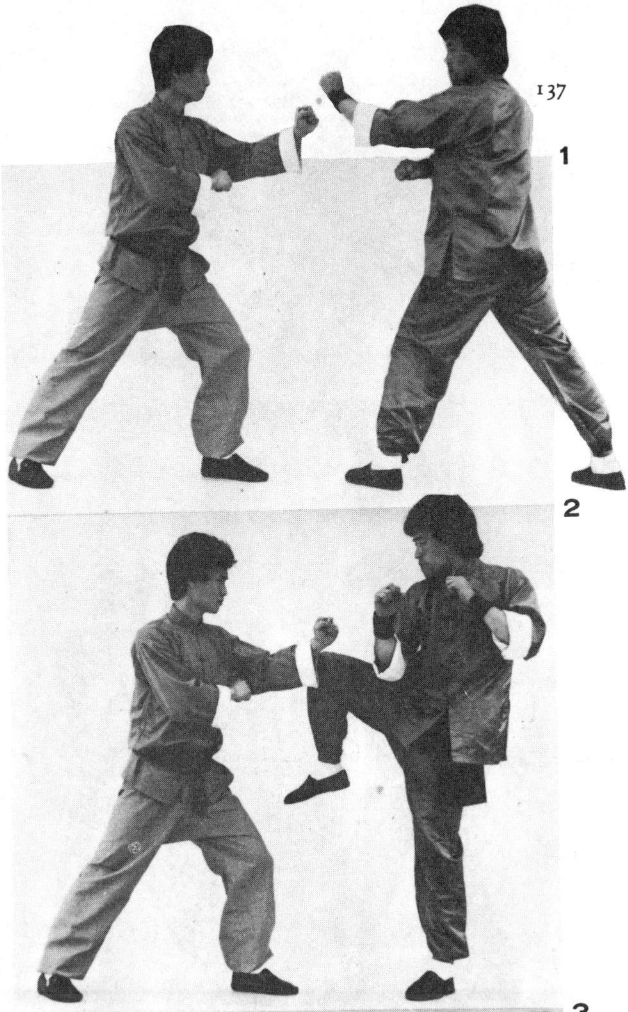

4

3

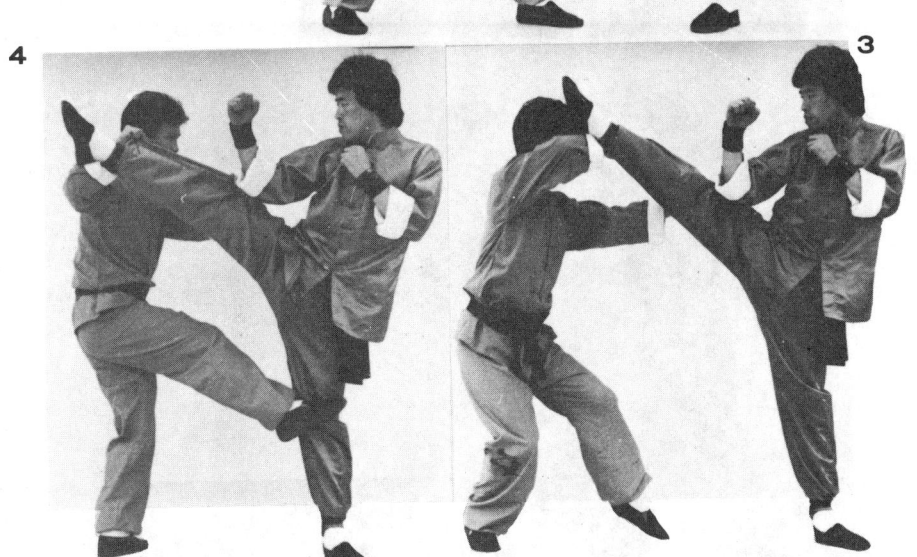

■괘퇴의 응용 2

상대의 공격을 막으면서 상대의 앞발 안쪽에서 무릎으로 밀며 상대의 발뒤꿈치를 감아 쓰러뜨린다.

퇴격법의 기본 응용 / 139

3 4

5 6

3. 도괘퇴(倒掛腿)

도괘퇴는 발의 앞부리로 걸지 않고 뒤꿈치 쪽으로 걸며 어떤 경우에는 무릎 오금까지도 깊이 걸어 공격한다.

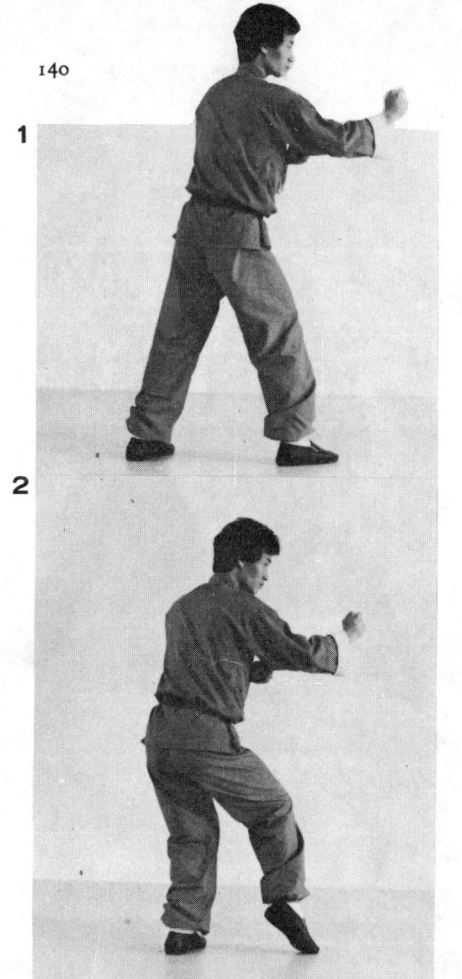

■도괘퇴의 응용 1

상대의 등탑(蹬塌)이나 후소퇴(後掃腿)를 걸면서 깔고 앉듯이 밀쳐 쓰러뜨린다. 응용 변화에 따라 갖가지 기법이 있으며 실용성도 있다.

특히 솔교에서 쓰이는 이 종류는 다양하다.

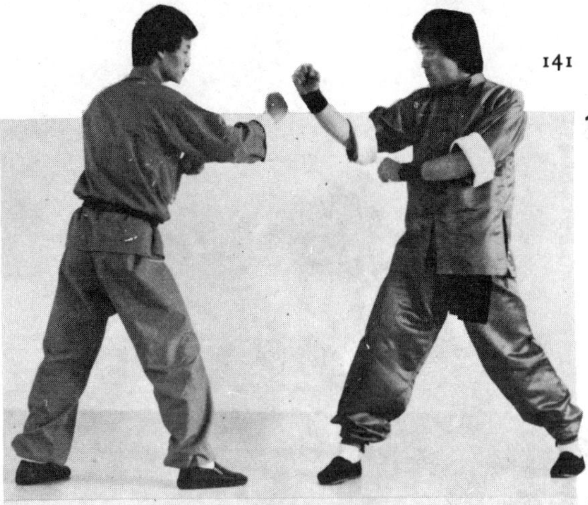

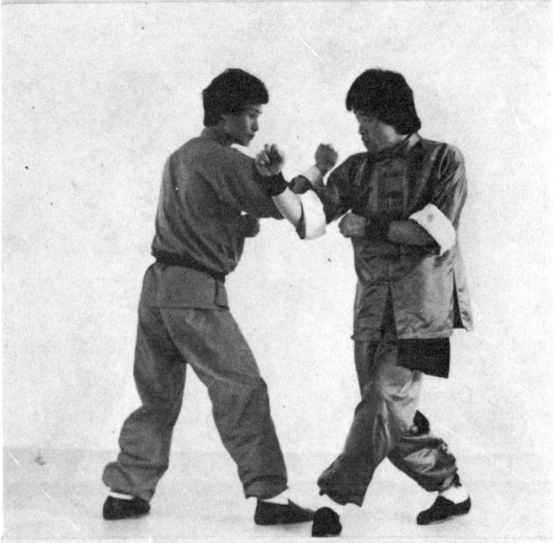

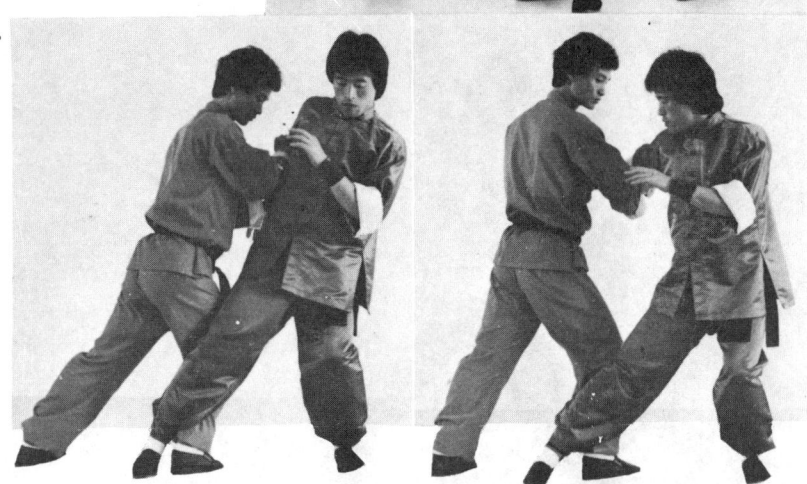

하단

■도괘퇴의 응용 2

걷지 않고 같은 방법으로 차는 예를 보인 것인데 A는 사타구니, 낭심 등을 목표로 한 하단 공격이며, B는 옆구리, 복부 등을 목표로한 중단, C는 목이나 머리를 목표로 한 상단 공격이다.

중단

상단

■도괘퇴의 목
표 변화

낭심

명치

4. 외괘퇴(外掛腿)

발을 들어서 밖으로 벌려 차내면서 우수는 안으로 쳐낸다. 두 가지의 동작이 조화를 이루며 강유와 허실로 나뉘어야 한다. 주로 퇴법이 강아며 실이다.

146

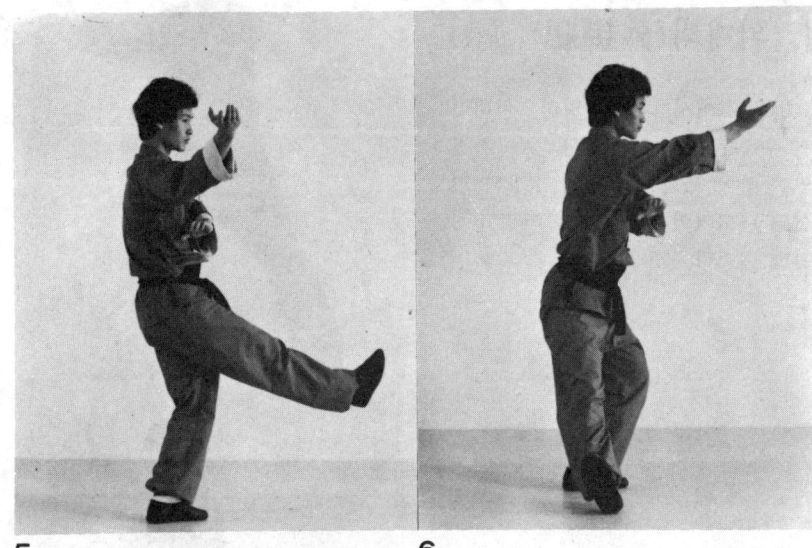

5 6

■외괘퇴의 응용 1

상대의 안쪽에서 앞발을 밖으로 걸고 정강이를 밀쳐서 쓰러뜨린다. 수법과 연결하면 더 큰 효과를 얻을 수 있다.

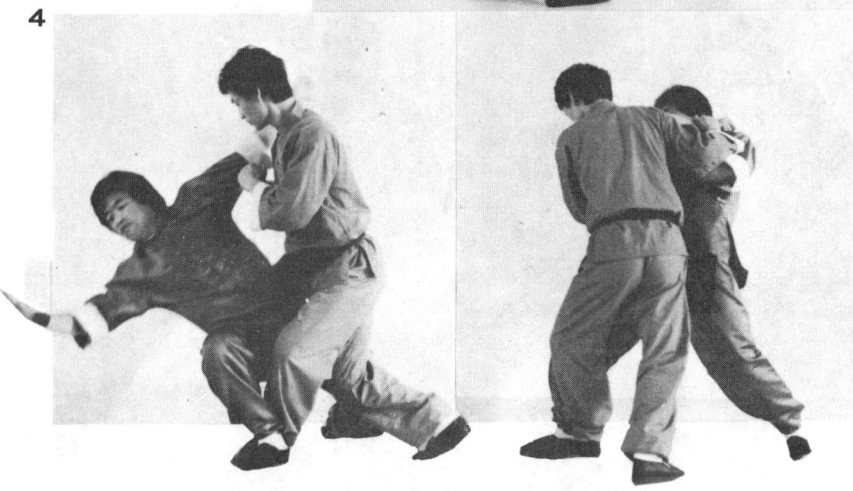

■외괘퇴의 응 용 2

 상대의 우권 공격을 구(拘), 루(摟)의 순서로 잡고, 오른발을 들어서 발뒤꿈치에 걸치면서 차내고 우장으로는 목을 친다.
 상대와의 거리가 가까울수록 위력이 있다.

■외괘퇴의 응용 3

상대의 발차기를 막으면서 체중이 실린 발의 오금을 밖으로 차낸다. 당기듯이 차는 것이 요령이다.

5. 전신괘퇴(轉身掛腿)

몸을 한바퀴 틀면서 처음 대하던 방향과 반대 방향으로 차낸다. 상대가 들어오는 순간과 맞추면 위력이 있다.

■전신괘퇴의 응용

상대가 발차기를 해 올 때 몸을 틀면서 상대의 뒤로 들어가서 발의 오금을 걸어 차낸다.

■괘퇴의 응용1

상대가 발차기로 공격을 해나올 때 체중이 실린 발의 오금을 앞차기와 비슷하게 걸어 차낸다.

■괘퇴의 응용2

상대의 지르기에 대하여도 몸을 틀면서 체중이 실린 앞발을 걸어 차낸다.

6. 구루추퇴(拘摟揪腿)

오른손을 구수로 안에서 밖으로 향하여 잡고 왼손은 밖에서 안으로 잡는다. 왼쪽으로 잡아채면서 뒤에 있던 왼발로 차올린다.

■구루추퇴의 응용

상대의 공격을 구(拘), 루(摟)로 잡으면서 앞에 있는 같은 쪽 앞발을 걸어찬다.

퇴격법의 기본 응용 / 157

7. 쌍봉수추퇴(雙封手揪腿)

오른손, 왼손의 순서로 위에서 아래로 잡고 오른쪽으로 잡아채면서 오른발은 왼쪽으로 걸어찬다.

■쌍봉수추퇴의 응용

상대의 공격과 발이 엇갈린 요보추일 때 쓰이는 것이며 그 원리는 구루추퇴와 완전히 동일하다.

8. 전박(展拍)

전박은 육합 당랑권의 기법이며 추퇴와 같다. 상대가 발 차기를 하면 좌권을 내려서 막아 내고, 상대도 찼던 발을 딛으면서 우권을 지른다면 구수로 잡고 팔 밑으로 손을 집어 넣고 뒤로 쳐내면서 발로는 차올린다.

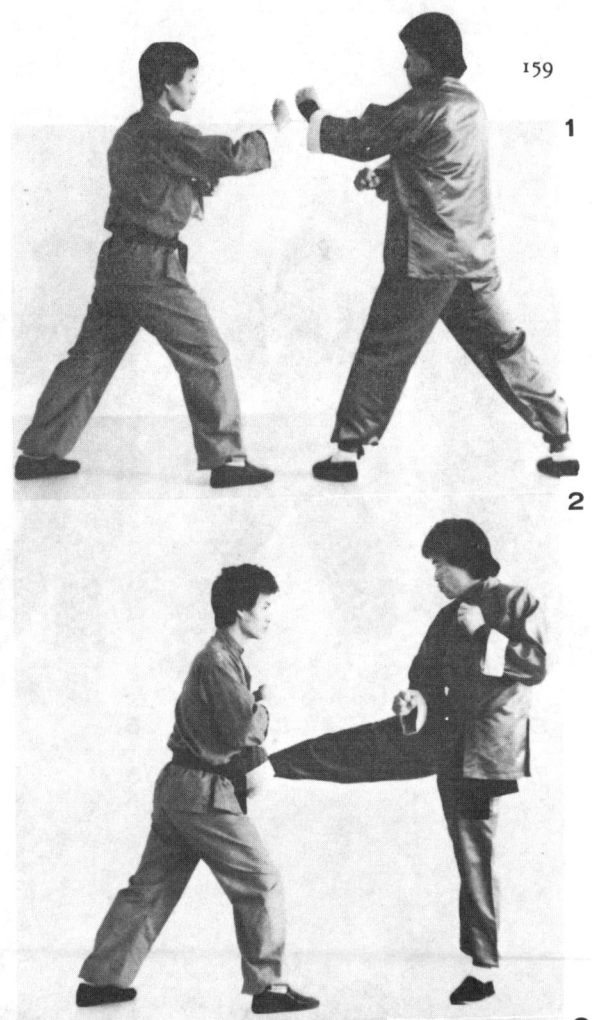

5 6
7 8

제 3 편

슬격법의
膝擊法
기본 응용

제1장
슬격법(膝擊法)과 실용성

　슬격(膝擊)은 격투에 있어서 매우 중요한 것이다. 적당한 거리의 상대는 발을 자유롭게 사용하여 공격할 수 있지만 지나치게 근접한 상대는 공격이 어렵다.
　이 때 중반과 하반을 목표로 하여 사용하는 것이 슬격이다.
　수법과 비교하면 팔굽 공격에 해당되어 그 위력도 강대하다. 슬격은 그 공격하는 목표의 중요성보다 공격을 시도하는 위치가 어디인가가 중요하다. 권경에서 기록하기를 「원칙권타각척, 근칙요과주슬(遠則拳打脚踢, 近則腰胯肘膝)」이라 했다.
　먼 거리는 권으로 때리고 발로 차며, 가까운 거리는 허리, 허벅지, 팔굽, 무릎을 사용한다는 의미이다.
　무릎 공격과 팔굽 공격을 가미할 경우에는 실전 시합이 극도로 격렬해진다.
　슬격은 방어에 사용할 수도 있고 공격에 사용할 수도 있다. 원거리라 하여도 상대를 잡을 수 있으면 뛰어들면서 공격할 수 있다.

　그 공격도 한번에 두번 세번에 걸쳐 권, 각과 연결지어 사용할 수 있는데 「충(衝), 제(提), 정(頂), 당(撞), 기(倚), 비(飛), 횡(橫)」의 기법이 있다.
　연습에 있어서는 단순한 한 가지 동작을 장시간 반복하는 것이 효과가 높다. 특히 허리의 유연성과 복근의 탄력은 위력의 강약을 좌우한다. 물론 발경을 터득하기 위한 하반의 단련이 근실해야 하는데 정확한 자세도 중요하다. 여러가지 슬격을 조합하여 연습할 때는 어느 기법은 약, 어느 기법은 강을 구분하여 리듬있게 연습한다.
　특히 태국의 타이 복싱은 유난히 무릎 공격이 많으며 그 위력은 상상을 초월할 정도로 강렬하다. 보편적인 무술가라면 무릎으로 다리나 허리를 맞으면 그대로 주저앉고 말 정도의 위력을 지닌다.
　근거리에서 공격할 때는 상반은 권으로 공격하고 하반은 무릎으로 공격한다.
　슬격은 무릎으로 공격하다가 거리가 미치지 않으면 요음각으로 변화시키는 방법에 익숙해야 한다. 어떤 형태의 공격에서도 급격하게 들어올리는 것이 효과가 있다.
　각각의 권법의 투로에 있는 제퇴(提腿), 독립(独立) 등의 기법은 무릎 공격에 사용되는 기법이 숨겨져 있고, 과호식과 마찬가지로 발끝에 낭심 공격의 의미가 담겨져 있다.

무릎 공격을 크게 나누면 무릎을 앞으로 들어올려 치거나 옆으로 틀어서 치는 방법이 있는데 옆으로 칠 때는 상단 공격 때나 다리, 허리를 공격할 때 쓰인다.
　　방어에서는 무릎의 안쪽으로 받아 내는데 발끝만 뻗어 주어도 큰 타격을 입힐 수 있는 실용성이 있다.
　　무릎을 사용해서 등을 공격하는 당배(撞背)라는 기법은 등을 치면서 목을 감아서 뒤로 당긴다. 이 때문에 상대는 반격의 기회를 잃게 되며 척추를 다친다.
　　당랑권에는 제퇴를 사용한 기법이 많은데 대부분은 낭심을 목표로 한 것이며, 제퇴쌍취발, 제퇴쌍봉수 등은 중상반을 공격한다.
　　우선 상대의 수법이나 퇴법을 충분히 막아낼 수 있는 수련이 되어 있을 때 슬격이 가능한 것이다. 처음부터 슬격을 실전에 사용하려는 것은 위험하다.
　　슬격을 방어할 때는 팔굽을 사용하여 위에서 아래로 내려찍는데 권을 사용할 수도 있다. 실전에서 자신의 양팔굽을 몸에서 멀리 떼면 무릎의 공격을 방어할 수 없다. 양팔을 크게 벌리고 대적하는 것은 겉보기에는 좋아 보일지라도 내면적으로는 헛점 투성이가 된다.
　　무릎 공격을 할 때는 힘은 있으나 속도가 상당히 느리다. 그러므로 상체를 완전히 봉쇄했다고 생각할 때 공격하는 것이 안전하다. 앞으로 공격할 때 체중을 지탱한 쪽의 발은 뒤꿈치를 들어서 힘을 가중시킨다.
　　무릎 공격을 아주 특이하게 사용하는 문파도 있는데 그 중의 한 가지 예는 다음과 같다.
　　무릎으로 앞에 있는 상대의 발을 밖에서 안으로 짓눌러서 오금을 공격하면서 자신도 자세를 급격히 낮춘다. 이와 함께 권으로는 옆구리나 낭심, 허벅지 등을 공격한다. 위력에 있어서는 극대하지만 다소의 모험이 따른다.
　　격투에서 중요한 법문의 하나가 구마(扣馬)인데 상대의 발을 봉쇄하고 일단 걸리면 괘슬을 사용하여 낮춰 버린다. 기복이 아주 심한 문파는 무릎이 땅에 닿았다가 일어서며 턱에까지 올리는 탄력성도 갖고 있는데 그 힘도 허리에서 나온다.
　　당랑파에서도 입환보로 상대를 건 뒤에는 뒤로 당기며 헐보나 좌반으로 변하면 상대는 앞으로 쓰러지게 된다. 이 때 주(肘)의 공격을 배합하면 거의 완벽한 공격이 된다.
　　팔주(八肘)라는 당랑파의 권투에서 주로 상대의 다리를 공격한 뒤에 제퇴가 되는 것은 쓰러지는 상대를 받아치는 의미가 있다.

제 2 장
슬격(膝擊)의 활용

무릎을 사용하는 공격은 근접 공격 위주인데 수법과 같이 쓰인다. 도약력의 연습이 충분히 되면 활용성을 높일 수 있다.

1. 슬격(膝擊) 1

왼발이 앞으로 나온 자세에서 뒤에 있던 오른발의 무릎을 들어 앞으로 뛰어들어 정면으로 무릎을 친다.

■슬격 1의 응용

상대가 발차기로 공격을 해오면 몸을 돌려서 앞으로 뛰어나가며 허벅지 안쪽과 낭심을 목표로 하여 공격한다.

2. 슬격 2

선척(旋踢)과 같은 요령으로 몸을 옆으로 틀면서 무릎을 높이 들어 옆에서 공격한다.

■슬격 2의 응용

상대에게 접근하면서 명치 이상의 상단을 공격할 때 쓰인다.

1

2

3. 슬격 3

발을 높이 들어서 사타구니를 옆으로 많이 벌린 뒤에 갑자기 조이듯이 돌려서 무릎의 안쪽으로 치는 연습을 한다.

■슬격 3의 응용

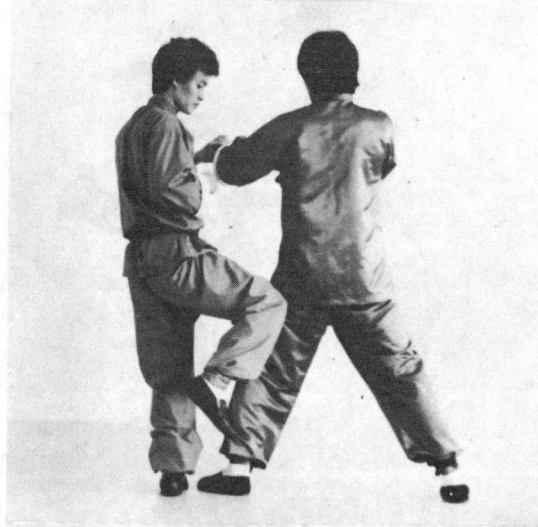

A 허벅지를 목표로 공격한다.
B 등을 목표로 공격한다.
C 옆구리를 목표로 공격한다.

4. 슬격 4

부인각의 중간 동작처럼 발바닥으로 짧게 정면을 찬 뒤에 무릎을 굽혀서 앞으로 공격한다.

1

2

3

4

■슬격 4의 응용

상대의 발차기를 안쪽에서 밀어 벌려서 방어하고 무릎으로 차올린다.

5. 슬격 5

무릎을 높이 들어서 위에서 아래로 내려친다.

슬격 5의 응용

상대의 공격하는 발을 잡고 위에서 아래로 찍듯이 내려친다.

1

2

3

4

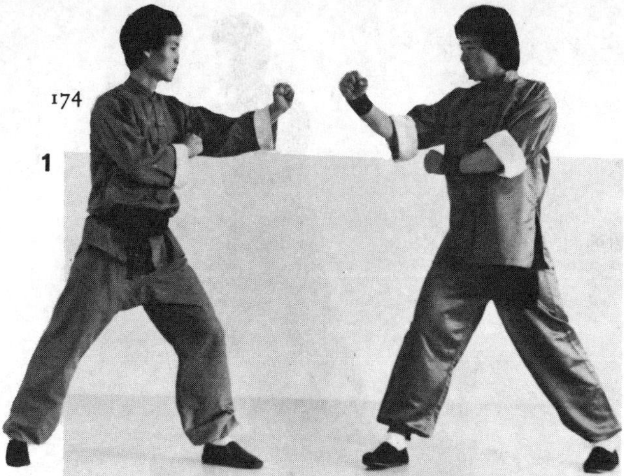

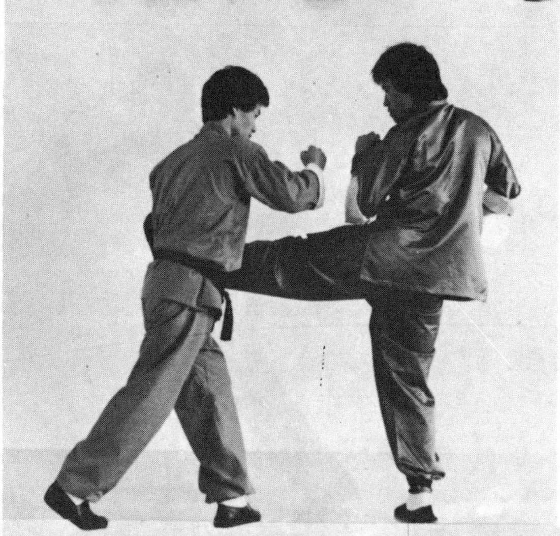

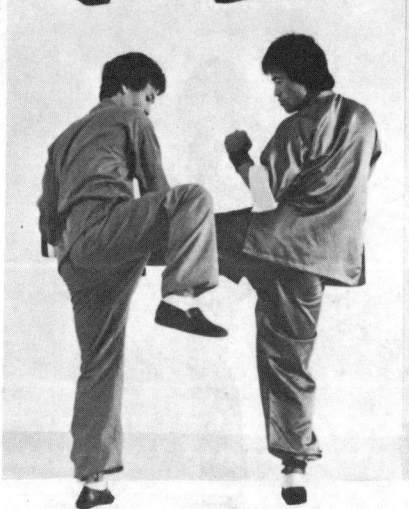

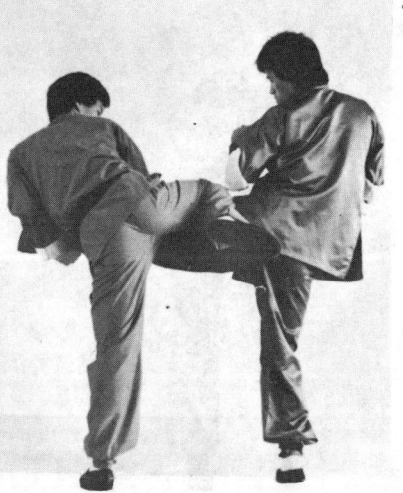

6. 슬격 6

발차기에서 밀어차기 때와 같은 방법으로 무릎을 앞으로 밀어찬다.

■슬격 6의 응용

상대의 접근을 안쪽에서 밀치며 받아 낸다. 주로 명치를 공격한다.

7. 슬격 7

왼발을 앞으로 한 자세에서 뒤에 있던 오른발을 왼발의 옆으로 딛으며 급히 왼발을 들어올린다.

1

2

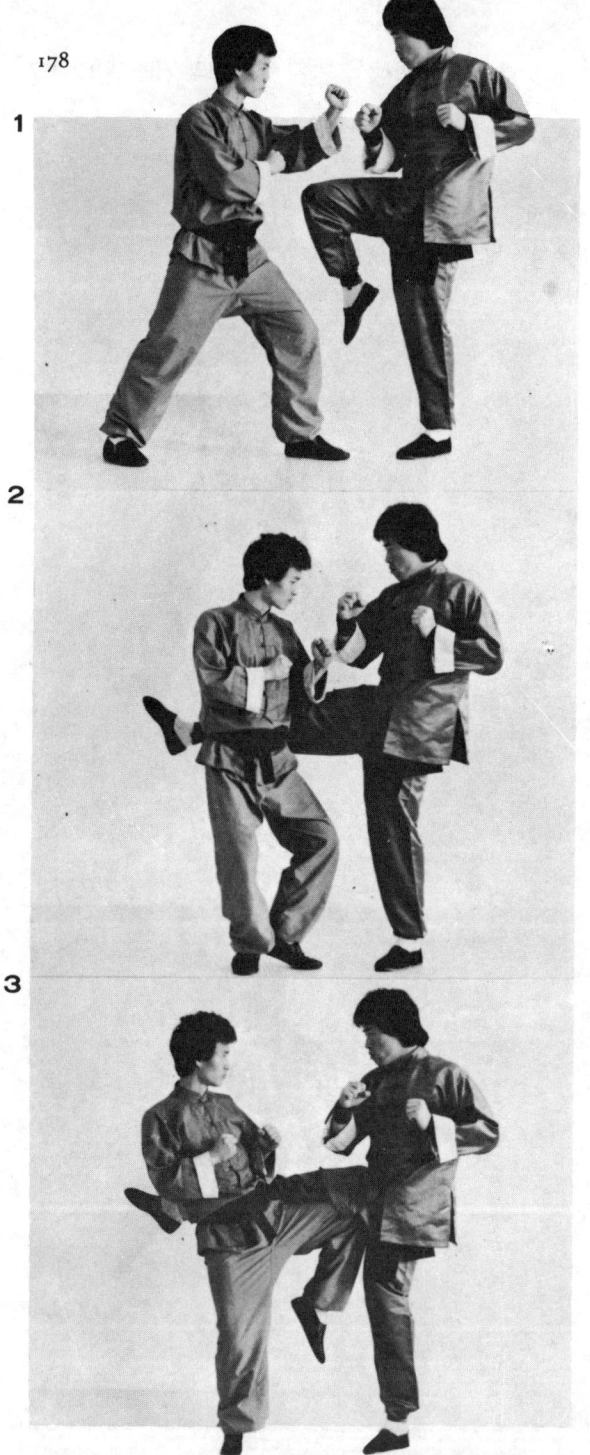

■슬격 7의 응용

상대가 발로 차오면 안쪽에서 전진하여 무릎을 들어올려서 간단히 공격한다.

8. 슬격 8

위에서 아래로 잡으면서 무릎을 위로 쳐올린다.

■슬격 8의 응용

상대의 팔과 목을 잡아서 앞으로 끌어 숙이면서 무릎으로 쳐올린다.

9. 제퇴가절추(提腿架截捶)

오른손은 얼굴 위쪽 상단으로 올려서 방어하면서 왼무릎을 들어올리고 왼팔을 아래로 내린다.

세 가지의 동작을 동시에 한다.

2

■제퇴가절추의 응용

상대의 십자퇴를 막는 기법이며 제퇴의 발끝은 요음각으로 변화시켜서 낭심을 차올린다.

■청룡비승(青龍飛升)의 응용

상대가 쌍장으로 공격을 가해 오면 그 팔 안에서 헤쳐 막으면서 어깨를 잡고 상대의 발을 밟고 위로 뛰어올라서 턱을 가격한다.

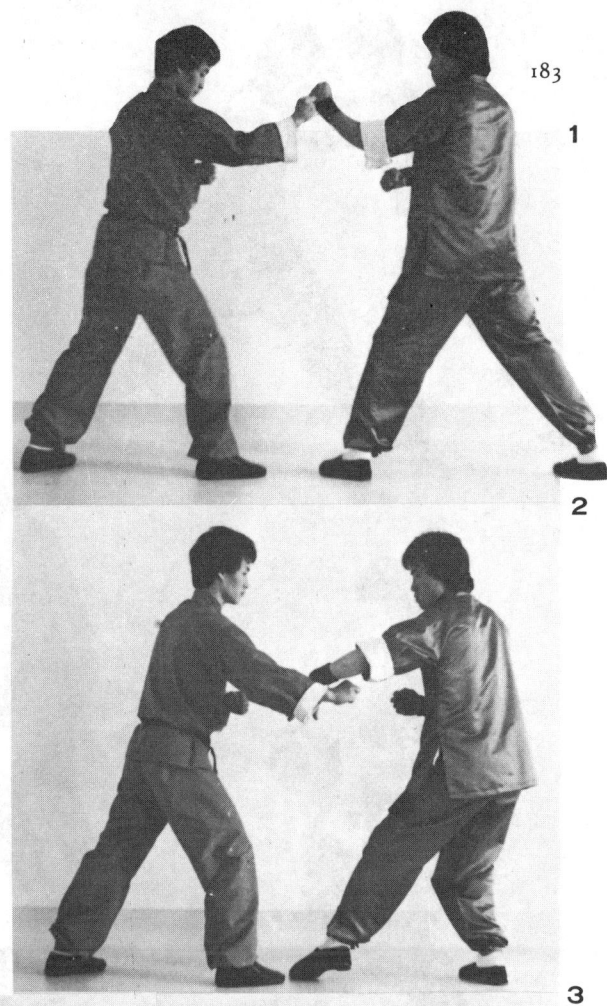

184

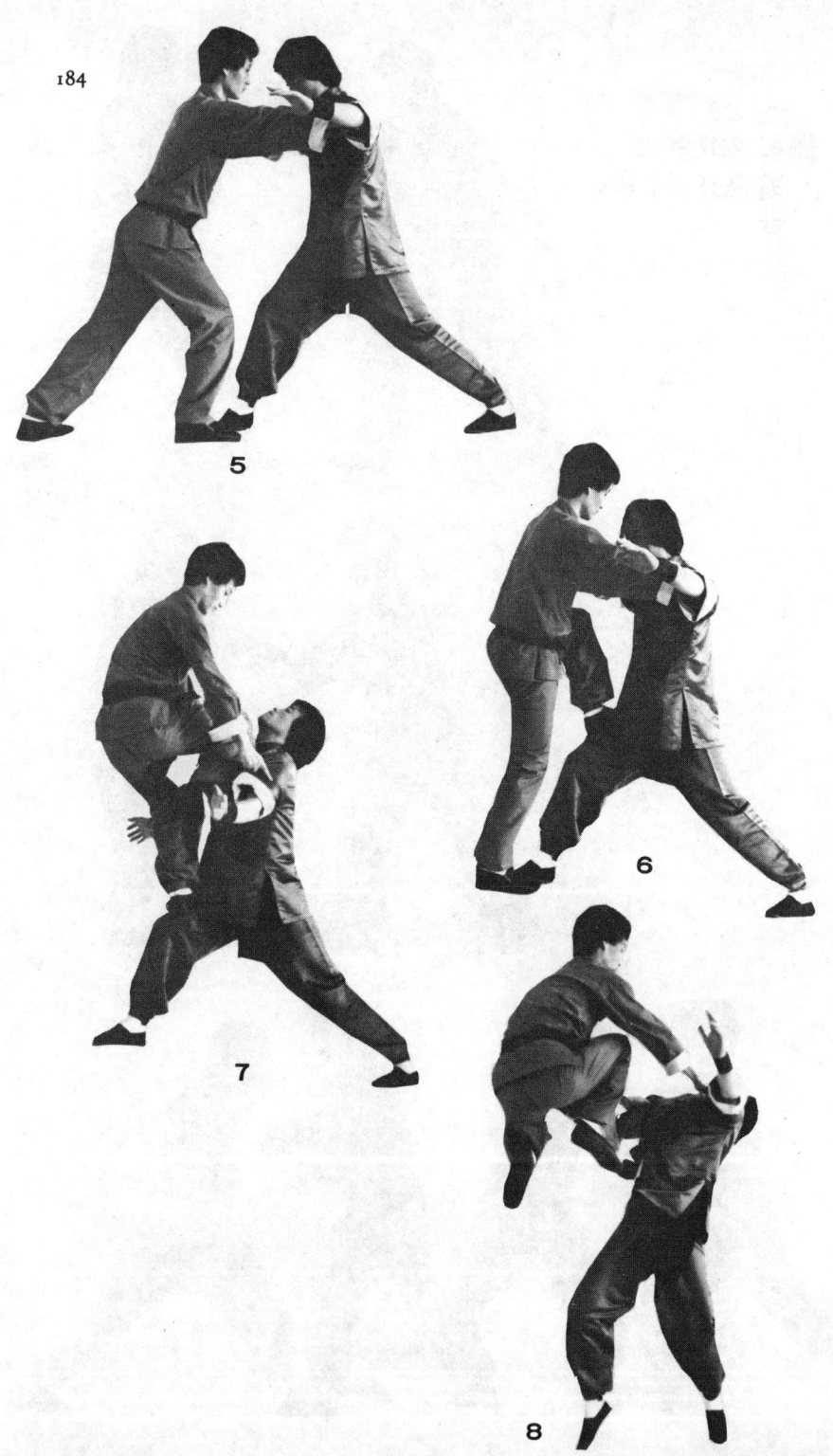

10. 제퇴쌍봉수 (提腿雙封手)

오른손, 왼손의 순서로 위에서 아래로 봉하고 뒤에 있던 무릎을 차올린다.

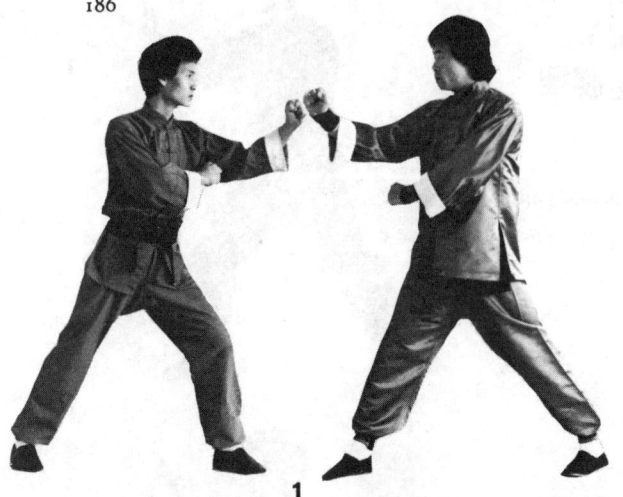

제퇴쌍봉수의 응용 1

상대가 권으로 공격하면 쌍봉수로 잡아서 아래로 당기면서 무릎으로 복부를 공격한다.

1

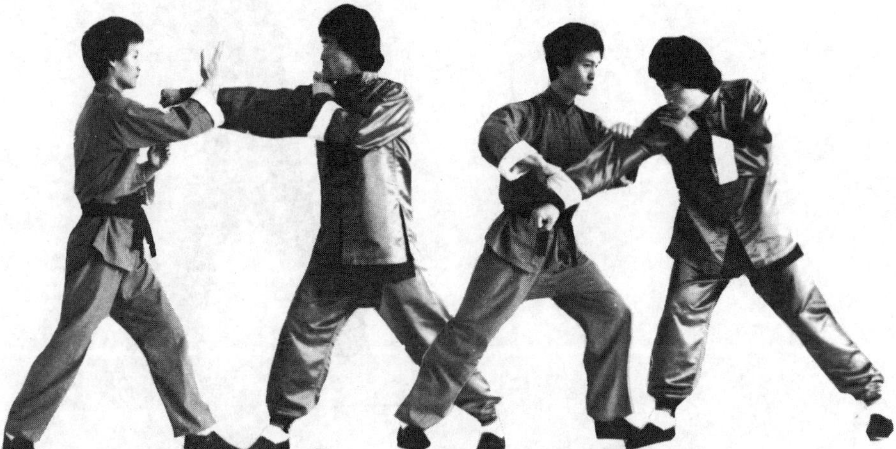

2 3

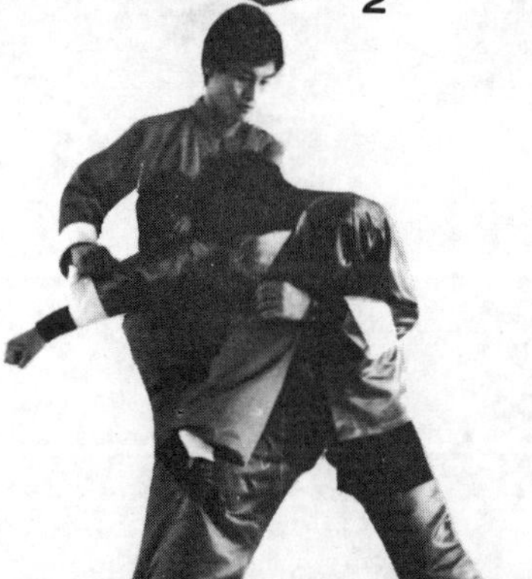

4

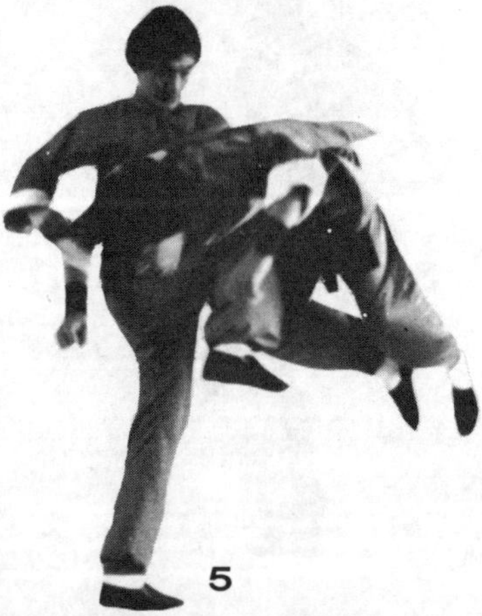

5

■제퇴쌍봉수의 응용 2

상대가 발로 차오면 뒤로 피하면서 상대의 발을 막아 내고 그 발 아래에서 무릎을 차올려서 낭심을 공격한다.

4　　　　　　　　5

6　　　　　　　　7

11. 제퇴좌우조수 (提腿左右ㄱ手)

무릎을 들면서 손끝을 좌우로 내려서 걸어 내는 연습을 하는데 좌우의 수법과 제퇴의 리듬이 맞아야 한다.

■제퇴좌우조수 의 응용

상대가 발을 차오면 좌우의 무릎을 틀면서 방어하고 발끝을 요음 각으로 변화시켜서 낭심을 찬다.

A 거리에 따라 무릎으로 그대로 공격한 형태.

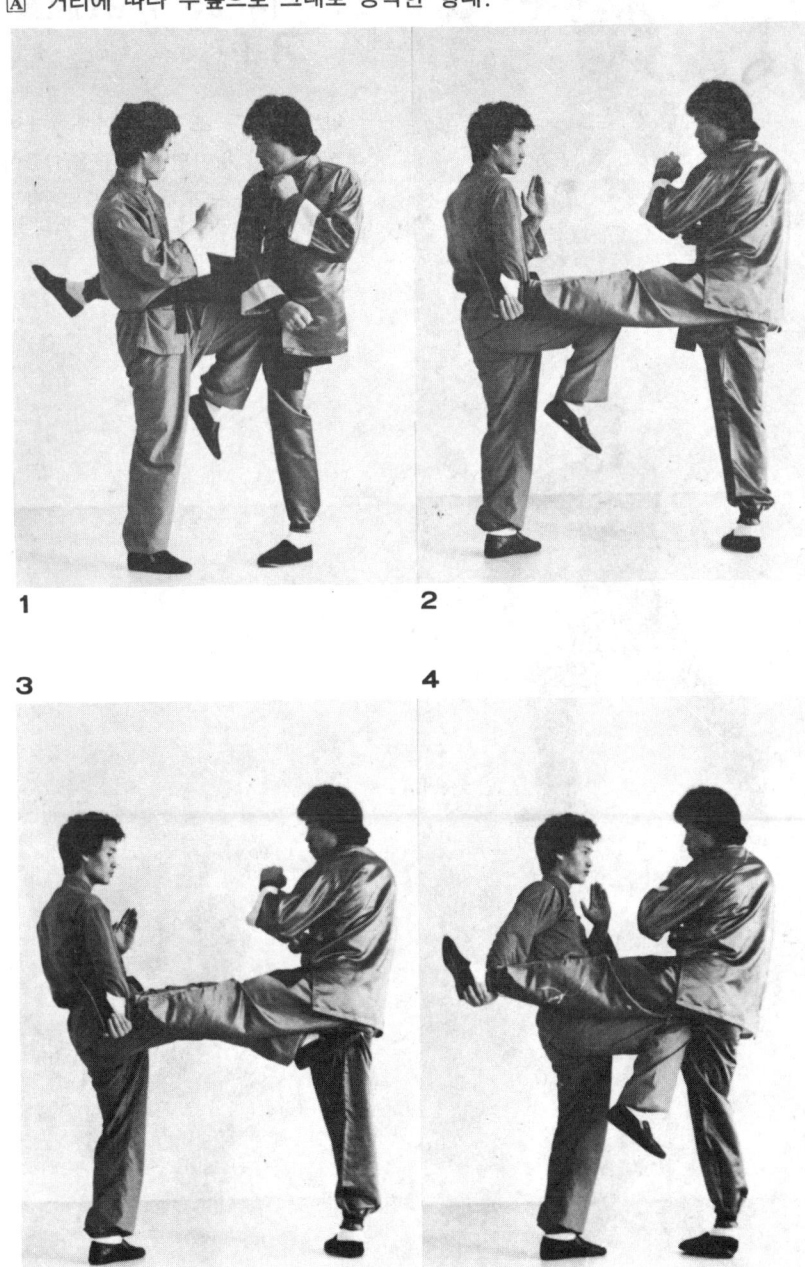

1
2
3
4

12. 제퇴쌍조수 (提腿雙 ㄱ手)

양손을 모두 조수로 하여 위에서 아래로 긁듯이 당기면서 무릎을 들어 올린다. 양손은 모두 우측으로 당긴다.

■제퇴쌍조수의 응용

상대가 옆차기로 공격을 해오면 위에서부터 긁듯이 방어하고 무릎을 들어서 발끝으로 낭심을 차올린다.

13. 제퇴하절추(提腿下截捶)와 제퇴상도추(提腿上挑捶)의 연결

무릎을 들면서 오른팔을 아래로 내려치고 다시 위로 걷어올린다.

■제퇴하절추와 제퇴상도추의 응용

 상대가 발차기로 공격하면 위에서 아래로 내려쳐서 막아 내고 낭심을 공격하며 위로 친다. 상도추는 사실상 상대의 공격을 방어하는 데 쓰인다.

14. 제퇴영면장 (提腿迎面掌)

앞에 있는 손을 뻗어서 위에서 아래로 봉하면서 허리로 당긴다. 이 때 뒤에 있던 장은 측면으로 뻗어서 얼굴을 공격한다.

제퇴영면장의 응용 1

상대의 우권 공격을 안에서 밖으로 봉하면서 오른발로는 낭심을 차고 좌장으로는 얼굴을 친다.

1

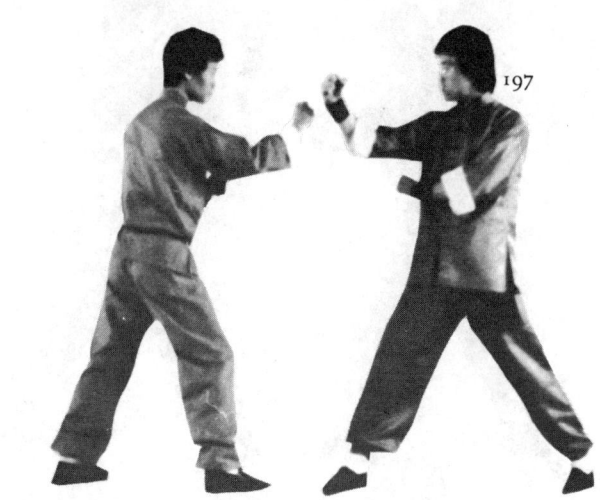

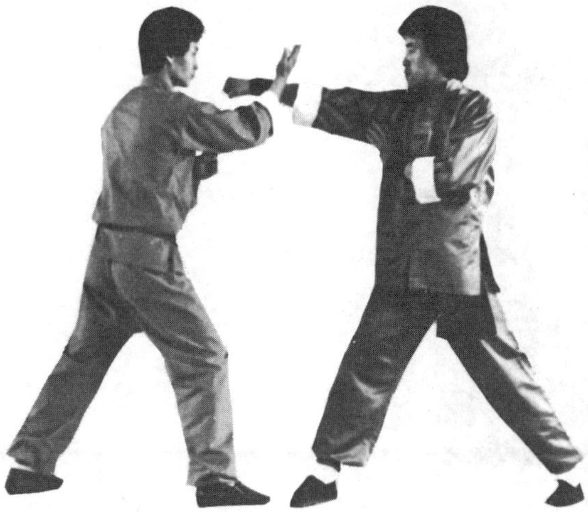

2

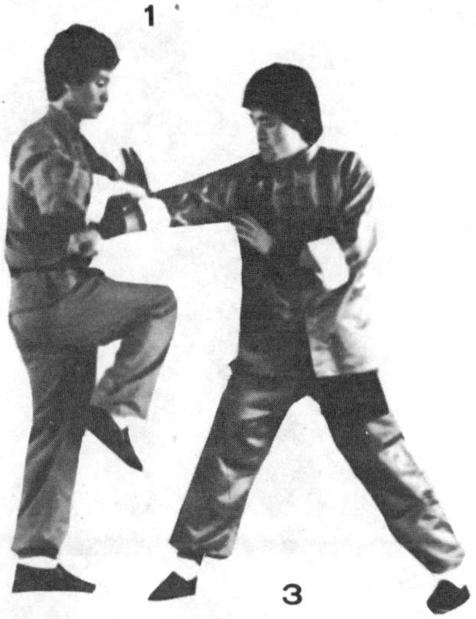

3

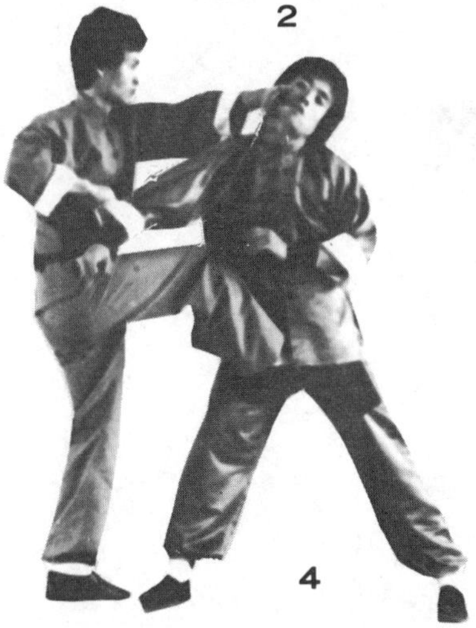

4

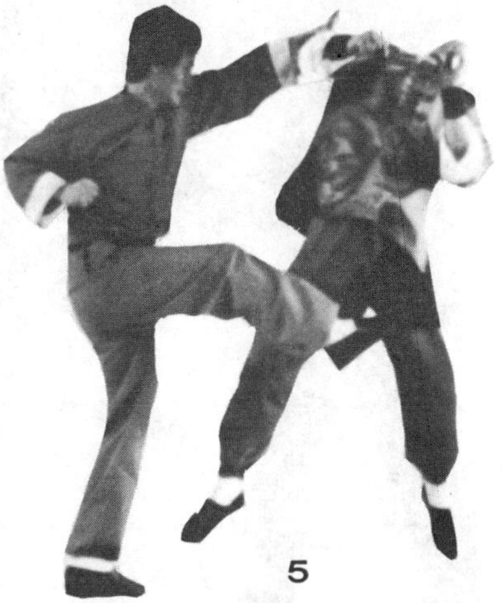

5

■제퇴영면장의 응용 2

상대의 발차기에 대하여 같은 방법으로 반격한 것이다.

15. 제퇴헌도 (提腿献挑)

무릎으로 들어 공격하는데 뒷발이 앞으로 나올 때 추진력을 얻는다. 양 팔은 펴서 손바닥이 위로 향하게 한다.

1

2

■제퇴헌도의 응용 1

상대의 발차기를 헌도장(献挑掌)으로 막으면서 앞으로 추진하여 낭심을 친다. 미끄러지듯 추진하는 보법이 필요하다.

■제퇴헌도의 응용 2

상대의 지르기에 대하여 안에서 받아올리며 오른발 왼발의 순서로 전진하여 미끄러지듯이 공격한다.

1

2

16. 제퇴쌍제조(提腿雙提ㄱ)

양손을 모두 (ㄱ手)로 하고 무릎을 들어 올린다.

제퇴쌍제조의 응용

상대의 발차기를 조수로 걸쳐 팔로 막으며 낭심을 친다.

1

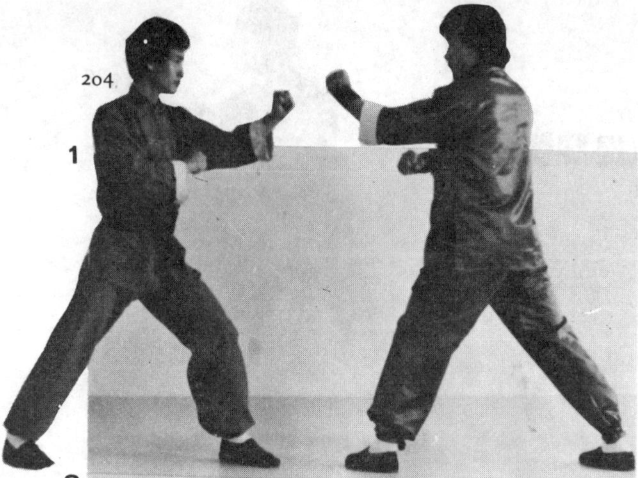

2

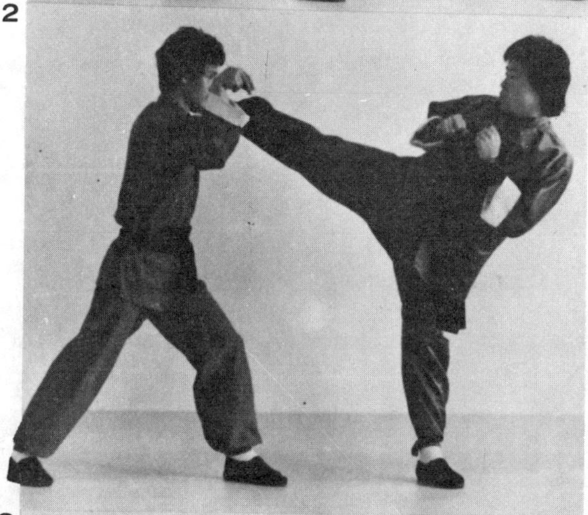

[A] 거리에 따라 발을 뻗어 공격한 자세.

3

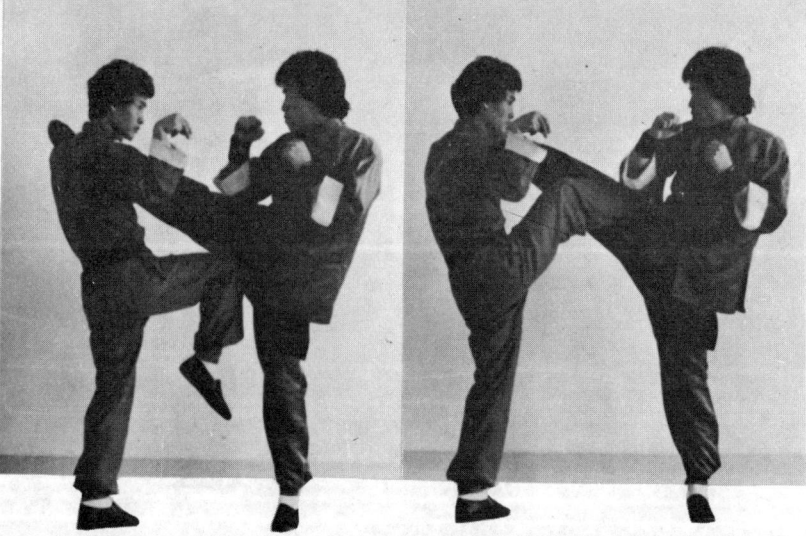

제4편

퇴격법의
腿擊法
실전 활용

제1장
퇴격법(腿擊法)의 실전 기법

　　발차기에 가장 필요한 조건을 든다면 공격이 용이하고, 다음은 안전해야 하며 그 다음 능률이 얼마나 되는가를 들 수 있다.
　　발을 돌려서 찰 경우에는 그대로 앞으로 차내지 말고 손을 사용하여 한번쯤 시선을 흩어뜨린 다음에 공격하는 것이 원칙이다.

돌려찰 때의 표적이 되는 곳은 앞무릎, 뒤꿈치, 머리인데 타격을 할 때는 허리를 움직이도록 습관화 해야 한다.

옆차기로는 상대의 정강이와 무릎을 차는데 경우에 따라서는 발등도 공격한다. 정면으로 곧게 차는 등각 종류는 상대의 무릎이나 뒤꿈치를 찌를 수 있도록 숙달시켜야 한다.

상대의 무릎은 상체의 움직임같이 혼란하지 않기 때문에 앞에서 차기가 쉽다. 최대의 파워를 얻기 위해서는 속도가 문제인데 자연스럽게 하지 않으면 후퇴에 어려움이 있다.

특히 발차기는 상대가 눈치채지 못하도록 돌발적으로 실행할 필요성이 있다. 일단 발차기의 공격에 실패하면 재빨리 반격 거리에서 벗어나야 한다. 공격 실패의 짧은 순간이 상대에게는 큰 공격의 기회가 되기 때문이다.

오랜 반복 훈련으로 속도와 공격의 각도를 얻어 낼 수 있는데 상대의 정신적, 육체적 방심의 순간을 포착하여 불시에 습격하도록 습관화 한다.

일단 동작을 개시하면 멈추지 않고 맹렬하게 전진하여 상대 스스로 거리를 띄우도록 유도한다.

자기 자신도 움직이고 상대도 움직이는 가운데 정확한 목표를 때린다는 것은 어렵겠지만 거리감과 시간차를 연습하면 된다. 공격에 신경을 쓰는 것도 중요하지만 회수에 각별히 주의해야 한다.

신체를 회수할때는 수법의 도움을 받아서 몸을 움추리는 것도 한 가지의 방편이 된다.

무릎의 탄력으로 차내는 발차기는 표적의 중앙을 차는 것, 뒤로 후리는것, 상단으로 차는 섯, 앞으로 튕겨차는 종류이다. 허리를 이용하는 것은 옆으로 차는 것, 뒤로 차는 것, 원거리의 앞차기 등이다.

힘을 내기 위해서는 무릎과 허리를 튕기는 연습을 끊임없이 실행하며 산책을 하듯이 걸으면서 여러 가지의 발차기를 하는 것도 매우 큰 의미가 있다.

발차기의 보편적인 실전 기술은 발등으로 정강이 안쪽, 무릎, 사타구니 등을 차는 요음각 종류가 있고 수직으로 때리는 것과, 밖에서 안으로 때리는 종류이다. 처음 자신이 대비한 방어 자세를 변하지 않고 계속해서 차낼 수 있는 발차기가 어느 것인지 연결하여 연습하며, 반동을 주어서 차지 않고 순간적으로 차는 것이 명중의 확율이 높다.

어떠한 종류의 발차기에서든 중립 자세, 아니면 제퇴의 자세를 취할 수 있는 한도 내에서 차내는 것이며 큰 폭으로 껑충껑충 뛰거나 하는 동작은 헛점을 내보이게 되므로 삼가하는 것이 좋다.

제2장
퇴격(腿擊)의 실기

　　중국 무술의 옛말에 「산동의 곤타(山東滾打)」, 「하북 퇴법(河北腿法)」이라는 말이 있었다. 산동의 곤타는 당랑, 육합, 손빈 등 각종의 기법을 표현하고 있으며 하북의 퇴법은 발의 위력을 강조한 「척(踢)」이다.
　　척은 기법 중 중요한 위치에 있으며 손은 두 개의 부채와 같고　발의 힘으로 타력을 내며 보이지 않게 발을 차고, 차는 발은 화살이 튕겨나가듯 하라는 말도 있다.
　　무릎의 굴신을 이용한 퇴법에는 점퇴(点腿), 탄퇴(彈腿), 산퇴(鏟腿) 등퇴(蹬腿), 단퇴(踹腿), 전퇴(纏腿)가 있다.
　　곧게 휘두르는 종류의 발차기에는 이합퇴(裡合腿), 외파퇴(外擺腿), 후료퇴(後撩腿), 정척퇴(正踢腿), 사척퇴(斜踢腿), 측척퇴(側踢腿), 도척퇴(倒踢腿) 등이 있다.
　　쓸어돌리는 차기의 종류에는 전소퇴(前掃腿), 후소퇴(後掃腿)가 있다.
　　발등을 때리는 차기의 종류에는 단박각(單拍脚), 사박각(斜拍脚) 등이 있다.
　　벽차(劈叉)에는 수차(豎叉), 횡차(橫叉), 질차(跌叉)가 있다.
　　이외에도 파련박각, 이합박각이 있으며 퇴법을 조합한 원앙퇴, 연환퇴, 비천퇴, 통추퇴, 금교전, 반배금강퇴등 특수한 발차기도 있다.
　　통추퇴는 태권도의 내려찍기와 비슷하지만 양손을 사용하는 방법에 차이가 있다.
　　일반적으로 혼동이 되는 원앙퇴(鴛鴦腿)는 차기를 두 번 하는 것이며 처음 찬 곳을 약간 돌려서 다른 발로 차는 느낌을 갖는다. 원앙새는 필히 두 마리가 같이 있다 하여 붙여진 연속 차기이며 입원앙퇴, 와원앙퇴가 있는데 이후로는 혼동이 없기를 바란다.

1. 후소퇴(後掃腿)

몸을 낮춰서 두손을 짚고 발의 뒤꿈치로 바닥을 쓸듯이 돌려차는 차기 기술이다.

■후소퇴의 응용

상대가 발차기로 공격을 해올 때 자세를 낮추면서 발의 뒤축으로 차돌린다.

2. 전소퇴(前掃腿)

후소퇴와 같은 원리인데 손을 짚고 앞으로 발을 돌려서 차낸다.

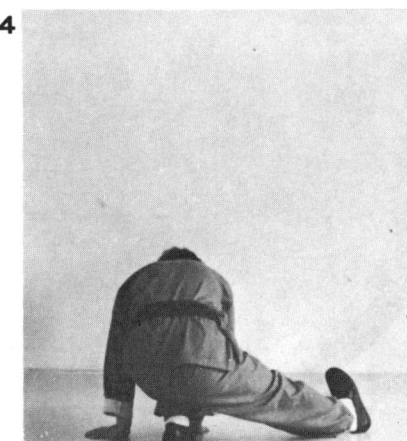

■전소퇴의 응용 1

상대의 지르기를 피하면서 자세를 낮추고 체중이 실려 있는 앞발을 돌려서 차내어 쓰러뜨린다.

1

2

퇴격법의 실전 활용 / 213

■전소퇴의 응용 2

상대가 발차기로 공격을 해올 때도 같은 방법으로 자세를 낮추면서 손을 짚고 앞으로 차돌려서 상대를 쓰러뜨린다.

3. 반선풍각 (半旋風脚)

뛰어오르면서 밖에서 안으로 돌려서 이합퇴와 같은 방법으로 차돌린다.

■반선풍각의 응용

상대가 패퇴로 발을 걸어 공격을 가해 오면 제자리에서 뛰어오르면서 안면을 가격한다.

1

2

4. 파각 (擺脚)

안에서부터 밖으로 휘둘러 차내며 마지막 동작에서 양장으로 발바닥을 친다. 파각은 힘을 넣지 않은 상태에서 채찍을 사용하듯이 가볍게 차는 것이 요령이다.

■파각의 응용

상대가 지르기를 해 오면 두손으로 잡아서 막으면서 발은 상대의 뒤에서 차돌리고 장으로는 안면을 친다.

퇴격법의 실전 활용 / 221

4

5

6

7

■파각의 위치 변화

파각을 더욱 위력있게 사용하려면 다리를 차낼 때 쓰듯이 낮게 찬다.

5. 회신파각 (回身擺脚)

몸을 뒤로 한바퀴 돌려서 발을 안에서 밖으로 휘둘러 차낸다.

■회신파각의 응용

상대가 발차기로 밖에서 안으로 공격을 해오면 그대로 몸을 돌리며 안에서 밖으로 차낸다.

6. 번신파각 (翻身擺脚)

제자리에서 뛰어오르면서 몸을 돌려서 발을 안에서 밖으로 차낸다.

■번신파각의 응용

상대가 후소퇴로 돌려서 발을 차오면 뛰어오르며 몸을 돌려서 발을 밖으로 차서 쓰러뜨린다.

퇴격법의 실전 활용 / 227

7. 등공파각 (騰空擺脚)

앞으로 뛰어나가듯이 뛰어오르면서 안에서 밖으로 발을 돌려 차낸다.

229

▰등공파각의 응용

상대가 몸을 돌려서 발차기로 공격을 해오면 그 안쪽에서 뛰어 오르며 안에서 밖으로 발을 돌려차서 상단을 공격한다.

퇴격법의 실전 활용 / 231

8. 십자요음각 (十字撩陰脚)

십자등각과 같은 방법으로 하는데 발등으로 공격하는 것이 아니라 발등으로 공격한다.

■십자요음각의 응용

상대의 손을 잡아채면서 좌장은 얼굴을 가격하고 오른발등으로는 낭심을 찬다.

9. 십자괘탱퇴 (十字掛撐腿)

십자등각과 비슷하지만 미끄러지듯 전진하는 보법이 뒤따르게 된다. 우권은 아래에서 위로 걷어올리고 좌권은 정면을 지른다.

이 때 오른발은 보법에 의하여 팅겨찬다.

■십자괘탱퇴의 응용 1

상대가 밖에서 안으로 발을 돌려서 차오는 경우에는 우권으로 막으면서 전진하여 오른발로 낭심을 차고 왼손으로 안면을 친다.

■십자괘탱퇴의 응용 2

상대의 지르기에 대하여도 같은 방법으로 막으면서 공격한다.

퇴법의 응용

수법의 응용

238

4

5

6

10. 쌍봉수등각(雙封手 蹬脚)

오른손, 왼손의 순서로 위에서 아래로 잡아내리면서 오른쪽으로 잡아끌고 왼발로 차올린다.

■쌍봉수등각의 응용 1

상대의 공격을 쌍봉수로 잡아채면서 옆구리를 발뒤꿈치로 차면서 던져 버린다.

퇴격법의 실전 활용 / 241

4

5

6

■쌍봉수등각의 응용 2

쌍봉수로 잡아끌면서 놓아 주지 않고 발등으로 차거나 발끝으로 목을 차는 기법으로 변형시켜도 좋다.

퇴격법의 실전 활용 / 243

■등각의 응용 1

Ⓐ 상대의 턱이나 얼굴 등 상단을 뒤꿈치로 차올린다.
Ⓑ 상대의 명치, 옆구리 등을 뒤꿈치로 차올린다.
Ⓒ 상대의 낭심을 뒤꿈치로 차낸다.

■등각의 응용 2

상대가 발차기로 공격을 해오면 뒤꿈치로 허벅지를 차서 방어한다.

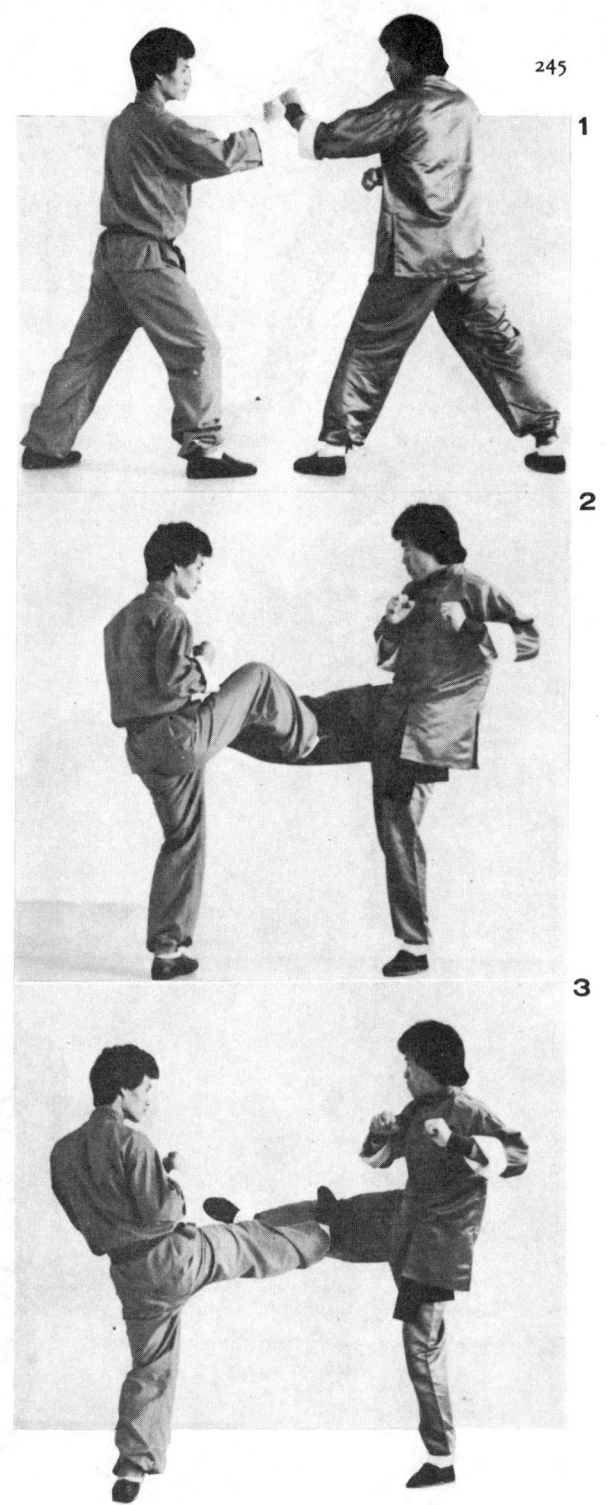

11. 이기등각 (二起蹬脚)

왼발이 앞으로 나와 있는 자세에서 무릎을 들어올려서 뛰어오르면서 오른발 뒤꿈치로 차낸다.

■이기등각의 응용

상대가 발차기로 밖에서 공격을 가해 오면 그 안쪽에서 뛰어 오르면서 발뒤꿈치로 공격한다.

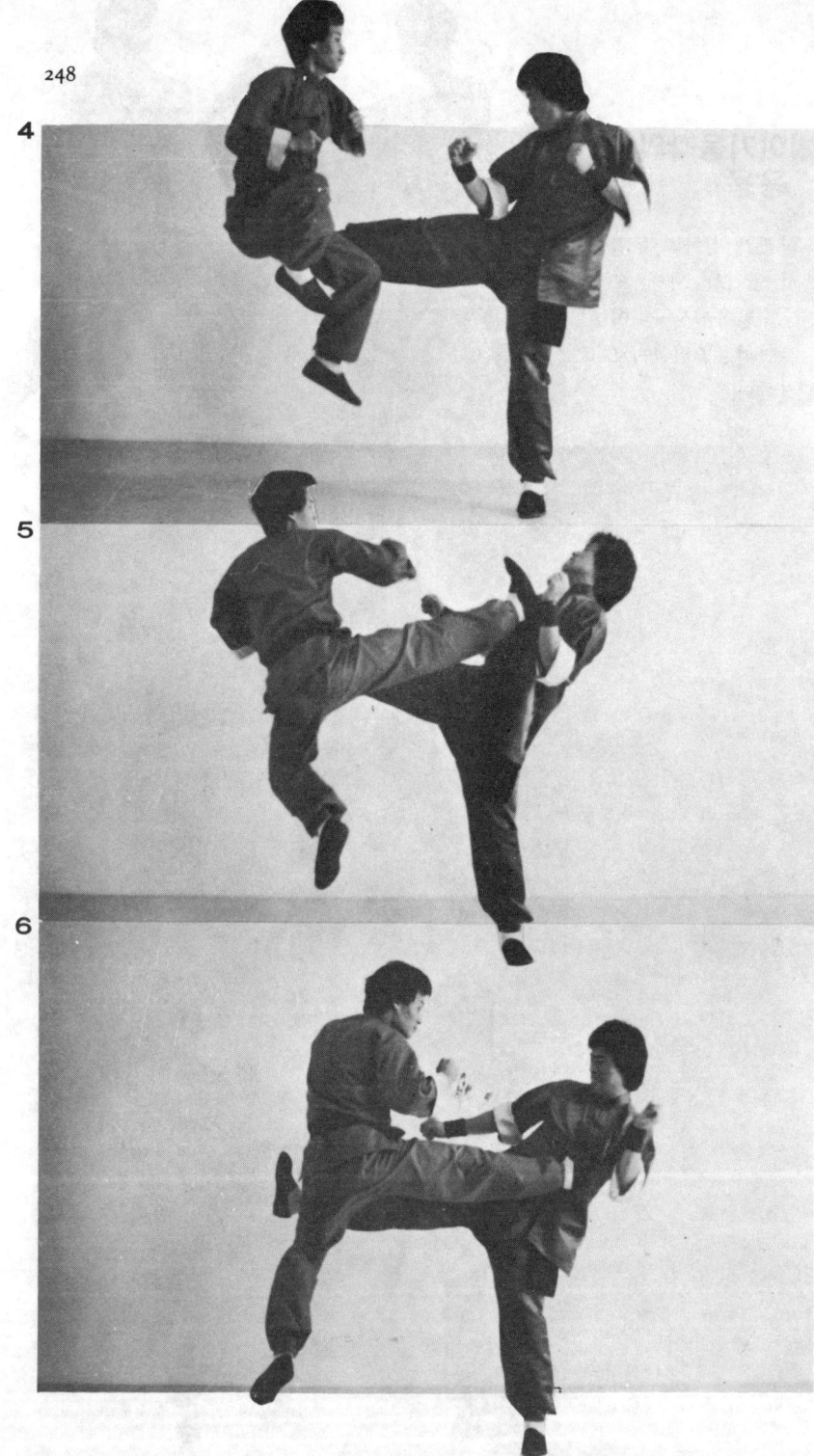

12. 구지룡(球地龍)의 활용

상대가 무릎을 낮게 차서 공격해 오면 그것을 피하여 발을 들었다가 반대로 내려 밟는다.

250

4

5

6

13. 구등퇴(鈎蹬腿)의 활용

상대가 괘퇴(掛腿)나 칠성보(七星步) 등으로 발을 걸어오면 그 발을 비틀며 뛰어들어서 무릎을 밟아 버린다.

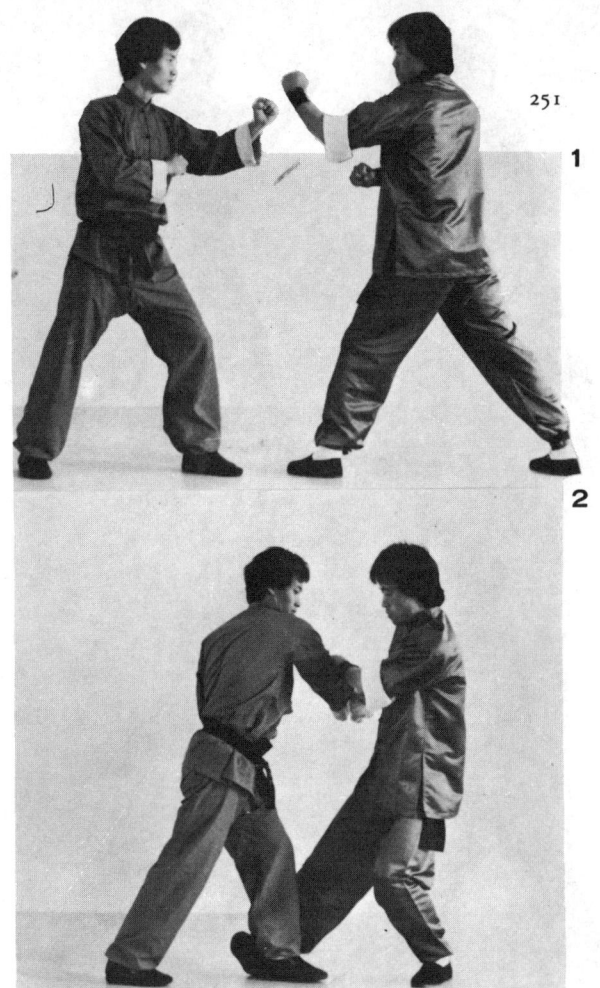

14. 답근(踏根)의 활용 1

상대의 지르기를 막으면서 우권으로는 상단을 쳐내고 오른발로 상대의 발등을 밟는다. 발등은 통증이 심한 급소가 많다.

15. 답근(踏根)의 활용 2

상대가 밖에서 안으로 발차기를 해오면 그것을 막으면서 무릎부터 깎아내려 발등을 공격한다.

3

4

5

16. 답각(踏脚) 의 활용 1

상대의 지르기를 막으면서 옆차기 식으로 무릎을 차면서 아래로 밟아내린다.

256

4

5

17. 답각(踏脚) 의 활용 2

상대의 차기에 대하여 뒤쪽에서 오금을 밟아서 밀쳐 쓰러뜨린다.

258

18. 쌍봉수복퇴(雙封手 扑腿)

상대의 다리를 안쪽에서 밖으로 때려 쓰러뜨리는 기술이며 하로파법 중의 하나이며 당랑파의 기법이다.

■쌍봉수복퇴의 응용

상대의 공격을 안쪽에서 잡아내리면서 뒤로 잡아끌고 상대의 앞발 안쪽에 발을 때려 넣어 쓰러뜨린다.

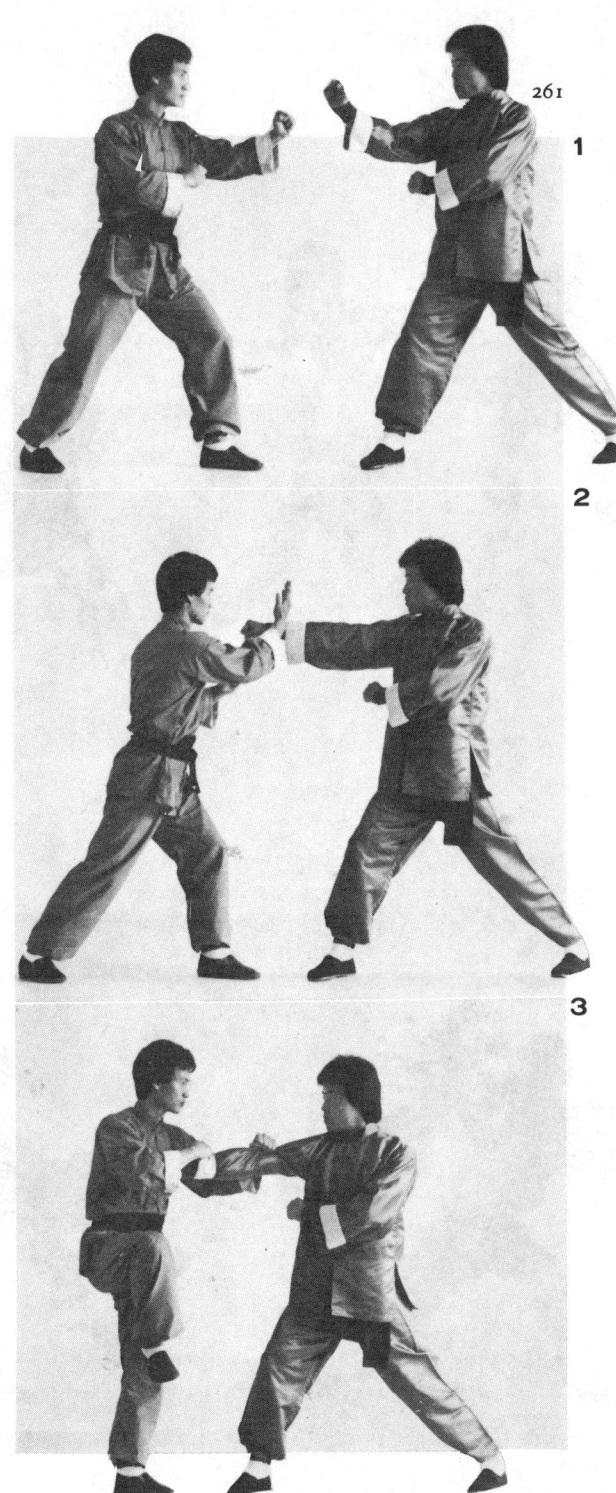

19. 요음각(撩陰脚)과 파각(擺脚)의 연결

발등으로 낮게 앞을 차고 그 발을 내리지 않고 옆으로 돌려 밖으로 차 낸다.

264

■요음각과 파 각의 응용

앞으로 차낸 발을 상대가 막으면 안으로 당겨서 밖으로 돌려 상단을 차낸다.

266

4

5

6

20. 요음각(撩陰脚)과 등공선척(騰空旋踢)의 활용

앞으로 차낸 발을 상대가 막으면 몸을 돌려 뛰어오르면서 뒤에 있던 발로 돌려찬다.

4

5

6

21. 후소퇴(後掃腿)와 선척(旋踢)

 몸을 뒤로 돌려서 발뒤꿈치로 낮게 차내고 즉시 발을 들어서 앞으로 돌려찬다. 허리의 움직임이 유연해야 한다.

■후소퇴와 선 척의 응용

후소퇴라 하여도 반드시 앉아서 낮게 돌리기만 하는 것은 아니며 실전에서는 이와 같이 높이 사용한다.

상대가 무릎을 들어서 피하면 즉시 선척으로 상단을 찬다.

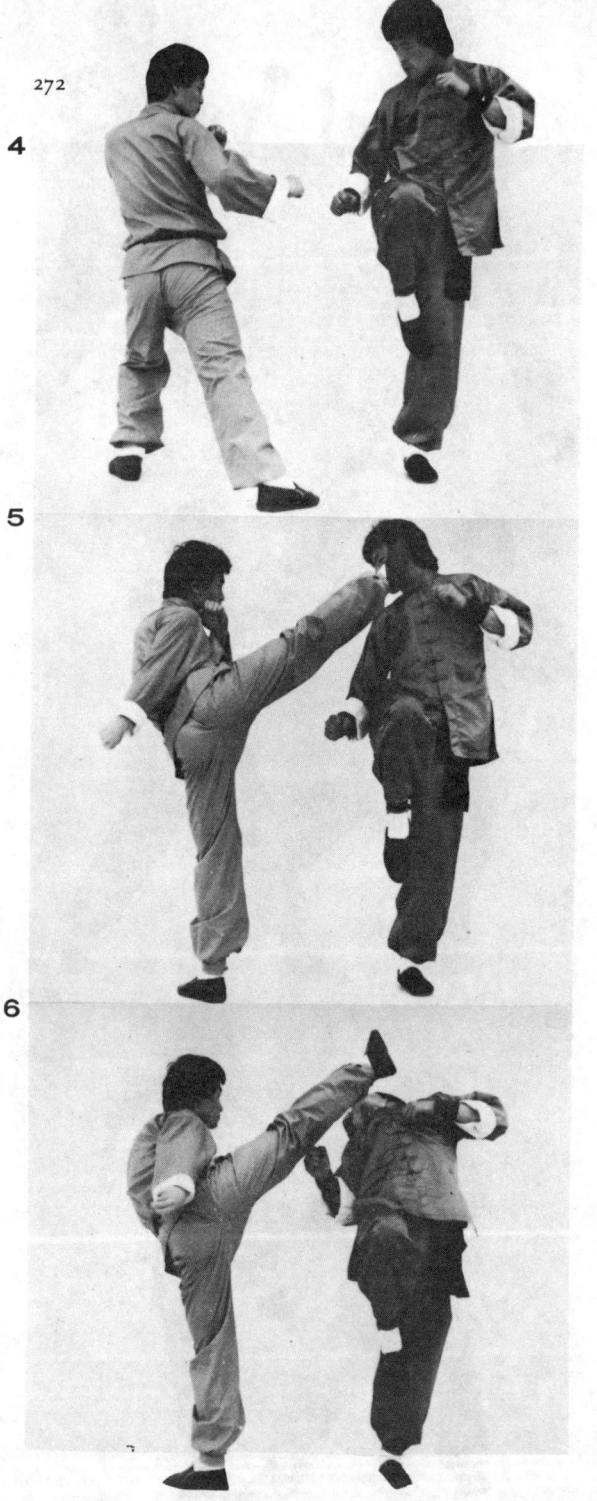

22. 전사꽤탱퇴(纏絲掛撐腿)의 활용

상대가 공격을 잡으면 반대로 잡아서 소전사(小纏絲)를 사용하면서 왼발을 팅겨서 차낸다.

소전사는 상대의 팔이 완전히 펴지면 안되며 팔굽을 굽혀야 효력이 있다. 당랑파의 기법 중의 하나이다.

23. 허보량장(虛步亮掌) 과 등탑반주(蹬塌盤肘)

자세를 낮추면서 허보가 되어서 아래로 끌어 막고 전진하면서 오른발을 뒤로 차고 오른 팔굽을 수평으로 돌려서 때린다.

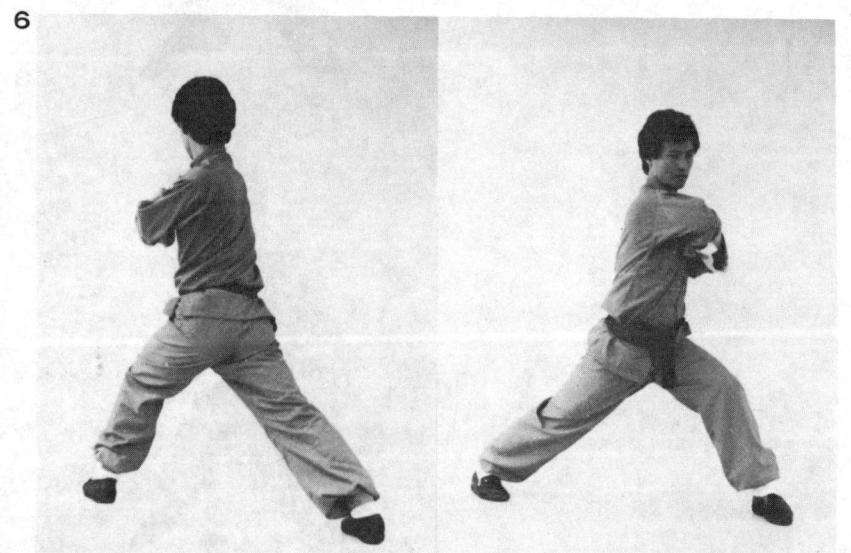

Ⓐ 반대쪽에서 본 자세

■허보량장과 등탑반주의 응용

상대가 발차기로 공격을 해오면 그 발을 밖으로 걸으면서 안으로 깊숙히 뛰어들어서 우반주로 가슴을 쳐서 쓰러뜨린다.

24. 철식쌍제조(撤式雙提기)와 진보벽추(進步劈捶)

뒤로 후퇴하여 허보가 되면서 양손을 조수로 하여 태양혈을 방어한다.
왼손의 조수(ㄱ手)를 밑으로 넣어서 걷어올려 잡으며 우조수는 권이 되어서 위에서 아래로 내려친다.

■철식쌍제조와 진보벽추의 응용 1

상대가 발차기로 높이 공격을 해오면 쌍제조로 막아서 감아 잡으면서 그 무릎 위를 우벽추로 내려친다.

■철식쌍제조와 진보벽추의 응용 2

상대가 지르기로 태양혈을 공격하면 쌍제조로 막으면서 좌조수를 돌려서 감아잡고 우벽추로 팔을 내려친다.

Ⓐ 반대쪽에서 본 자세

25. 태공조어 (太公釣魚) 의 활용

상대의 발차기를 다리를 벌려서 피하면서 안으로 돌려 밀어 버리고 재빨리 몸을 돌려서 목을 감아 뒤로 던진다.

26. 벽추(劈捶)와 요음각(撩陰脚)의 연결

위에서 아래로 내려치면서 자세를 낮추고 발끝을 들어올린다.

■벽추와 요음 각의 응용

상대의 발차기를 위에서 아래로 내려쳐서 막아 내면서 발끝으로는 낭심을 공격한다.

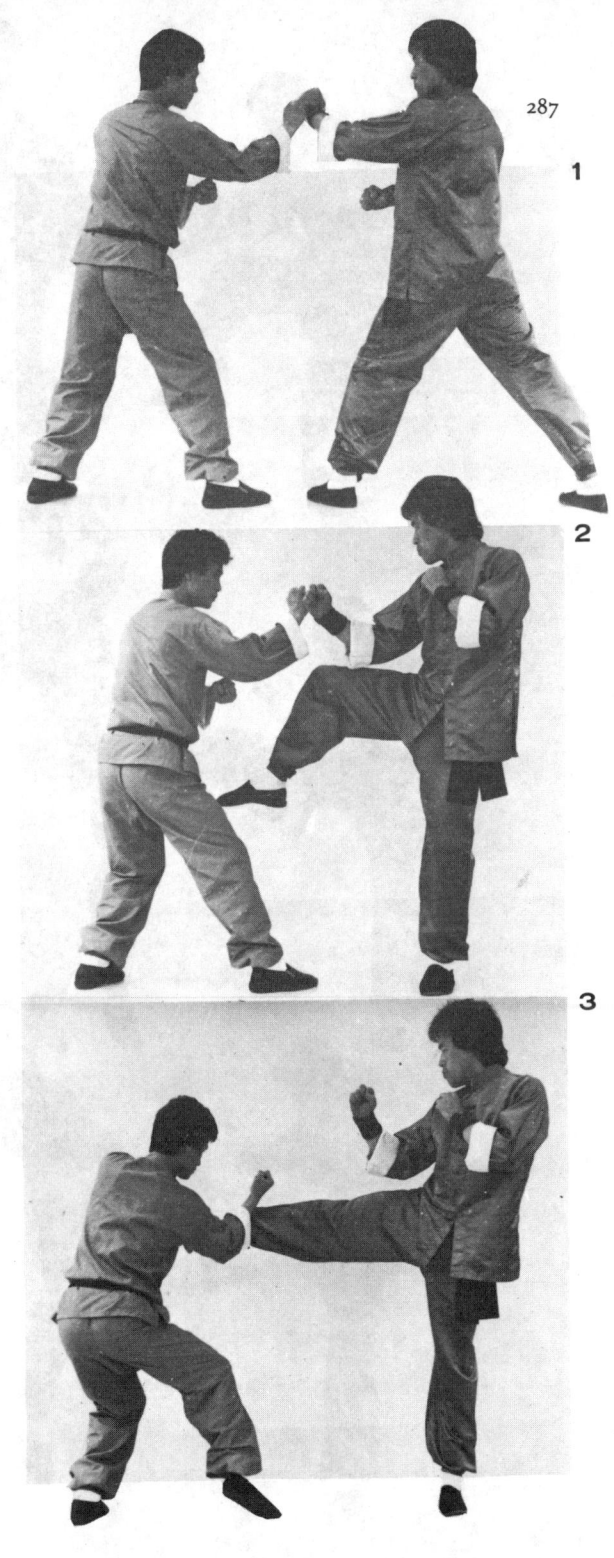

27. 양시척퇴 (亮翅踢腿)

좌장은 방어이고 우장은 상대의 뺨을 때리며 발을 들어 낭심을 찬다. 이 세 가지 동작이 같이 이루어지는데 초지즉타, 타상취하의 자결이 포함된 기법이다.

■양시척퇴의 응용 1

상대의 지르기를 좌장으로 막고 우장은 뺨을 쳐서 시선을 흐리게 하고 발끝으로 낭심을 찬다.

퇴격법의 실전 활용 / 291

4

5

■양시척퇴의 응용 2

발차기를 옆으로 걷어내면서 발끝으로 낭심을 찬다.
〈낮은 공격〉

▰양시척퇴의 응용 3

상대가 높이 차면 손을 위로 들면서 막아 내고 앞에서와 동일하게 낭심을 찬다.
〈높은 공격〉

4

5

28. 연삼퇴 (連三腿)

발을 들어서 밖으로 휘둘러 차고 땅에 내리지 않고 무릎을 당겨서 위로 차올린다. 다시 땅에 내리지 않고 무릎을 굽힌 뒤에 몸을 옆으로 틀면서 옆차기를 한다.

■연삼퇴의 응용

상대의 공격을 벌리면서 밖으로 차내고, 상대가 피한 뒤에 다시 우권으로 공격을 해오면 좌장으로 막고 등각으로 찬다. 다시 발을 당겨 옆차기로 연결시킨다.

29. 권추(圈捶)와 이합퇴(裡合腿)의 연결

밖에서 안으로 감아치는 권을 권추라 한다. 권추와 동시에 뒤에 있던 발로 밖에서 안으로 후려찬다.

300

■권추와 이합 퇴의 응용

상대가 앞으로 나오면서 위에서 아래로 내려치면 좌장으로 막으면서 잡아끌고 우권추와 이합퇴로 동시에 공격한다.

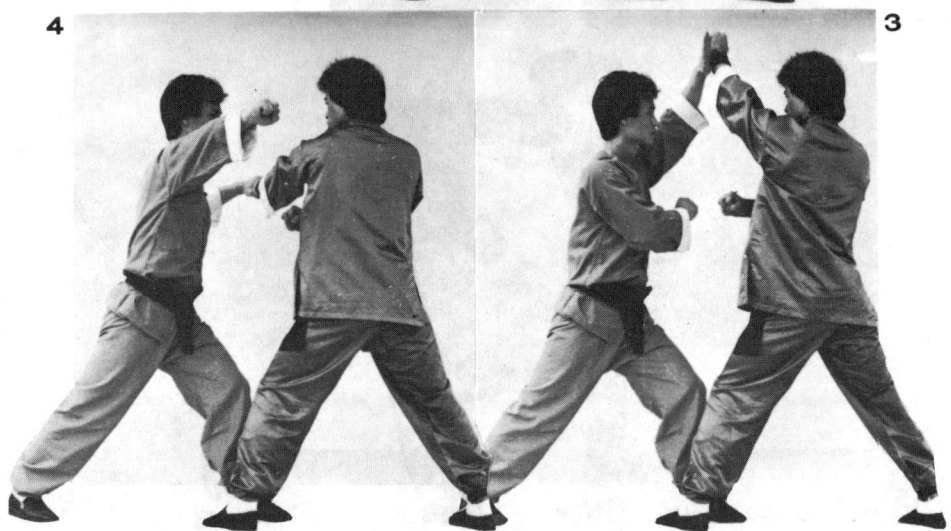

Ⓐ. 공격 위치의 변화

30. 부인각(斧刃脚)과 당배(撞背)의 연결

부인각으로 앞으로 차내면서 뛰어 오른 무릎으로 찬다.

■부인각과 당배의 응용

부인각으로 상대의 발을 차면서 밟고 올라서서 상대의 등을 쳐낸다. 뛰어오르는 힘을 이용한다.

31. 개면각(蓋面脚)

위에서 아래로 내려치는 발차기는 태권도의 내려찍기와 비슷하다. 그런데 이 발차기는 뒤꿈치로 공격하는 것이 아니고 발바닥으로 차내린다. (統神腿)

■개면각의 응용

상대의 지르기를 감아 잡으면서 밖에서 안으로 돌려 발바닥으로 얼굴을 밟듯이 찬다.

32. 섬신수당각 (閃身搜膼脚)

옆으로 몸을 벌려 피하면서 사각으로 빠지고 양손을 뒤로 당겨 오른쪽으로 빼면서 오른발로 차낸다.
수당각과 요음각은 같은 기법이다.

■섬신수당각의 응용 1

상대의 차기를 안에서 밖으로 밀쳐 내면서 오른발로 낭심을 차낸다. 당랑파의 기법 중의 하나이다.

퇴격법의 실전 활용 / 309

섬신수당각의 응용 2

상대의 지르기에 대하여 감아 당기면서 같은 방법으로 낭심을 걸어찬다.

33. 과호단편
(跨虎單鞭)

단편은 권추의 공격이 실패한 뒤에 다시 공격하는 예가 많은데 거의 모든 기법이 과호식에서 이루어진다. 과호식은 제퇴와 같이 낭심을 공격하는 기법이 숨겨져 있다. 상대의 공격을 잡아서 위에서는 단편, 아래에서는 요음각으로 협공한다.

퇴격법의 실전 활용 / 313

34. 천당고 (穿膛靠)

좌우의 손을 아래 위로 흔들면서 전진하는 연습을 하는데 어깨의 힘이 중요하다. 사진에서 왼손은 팔, 오른손은 어깨를 쓴다.

■천당고의 응용

상대의 발차기를 걷어 내면서 팔을 상대의 낭심 밑으로 넣어 팔과 어깨 전체로 공격한다.

1 〈반대쪽에서 본 기법〉

2

35. 취안요음퇴 (取眼撩陰腿)

조수(ㄱ手)의 다섯 가지 기능 중 점(点)에 해당하는 것이 취안이며 눈을 찌른다. 실제로 눈을 목표로 하는 것은 아니며 낭심을 차기 위하여 시선을 흐뜨린다. 구(拘), 루(摟), 채(採), 점(点), 요음퇴(撩陰腿)가 합쳐진 기법이다.

■취안요음퇴의 응용

상대의 공격을 구루 수법으로 잡고 오른손으로 눈을, 오른발로 낭심을 찬다.

36. 조수척퇴 (ㄱ手踢腿)

왼발이 앞에 있는 자세에서 왼손을 조수 (ㄱ手)로 하여 뒤로 당기고 왼발을 그대로 차낸다.

■조수척퇴의 응용 1

상대의 발차기를 안에서 밖으로 걸면서 낭심을 차올린다. 목표는 꼭 낭심이라기 보다는 사타구니, 허벅지, 하복부 어디든지 좋다.

▰조수척퇴의 응용 2

상대의 옆차기에 대하여 같은 방법으로 걸면서 낭심을 공격한다.

■ 조수척퇴의
  응용 3

상대의 지르기에 대하여도 같은 방법으로 반격을 한다.

37. 삽각 (挿脚)

대부분의 근접 공격은 무릎이나 발끝으로 하지만 꼭 그럴 필요는 없다. 뻗어올리기 식으로 상대의 발 사이에 세차게 차올리면 정강이, 무릎 어디든지 거리가 조정되고 위력도 있다.

38. 요음각(撩陰脚)과 슬격(膝擊)의 연결

낭심을 차올리면 대부분 치명타를 입지만 철당공(鉄膽功)을 수련한 사람이나 여인의 경우에는 그다지 큰 타격을 느끼지 않는다.

이 때는 잡아끌면서 무릎으로 공격한다.

■요음각과 슬 격의 응용

낭심을 차고 난 뒤에 상대의 어깨나 목을 잡아 끌어서 턱을 공격한다.

1

2

4

3

39. 섬신호미각 (閃身虎尾脚)

몸을 옆으로 피하면서 방향을 돌려서 뒤로 돌고 뒷차기를 한다. 호미각은 뒷차기를 뜻하는 말이다.

■섬신호미각의 응용

상대의 공격에 대하여 측면으로 빠지면서 뒷차기로 반격한다.

40. 과란 (跨攔)

팔굽을 꺾는 동작과 발을 걸어차는 괘퇴 (掛腿)가 조합된 기법인데 당랑권의 추퇴와는 그 기법의 방향이 다르다.
찰 때 오른손을 세게 당기는 것과 시간이 일치되어야 한다.

퇴격법의 실전 활용 / 329

41. 악동파교 (惡童破橋)

앞에 있던 발을 뒤로 끌어서 파각과 같은 요령으로 밖으로 휘둘러 차낸다.

▇악동파교의 응용

상대의 발차기를 뒤로 약간 후퇴하면서 빠지고 걸어서 감아 잡는다. 다시 발을 안에서 밖으로 돌려서 허벅지를 뒤꿈치로 찍어 내린다.

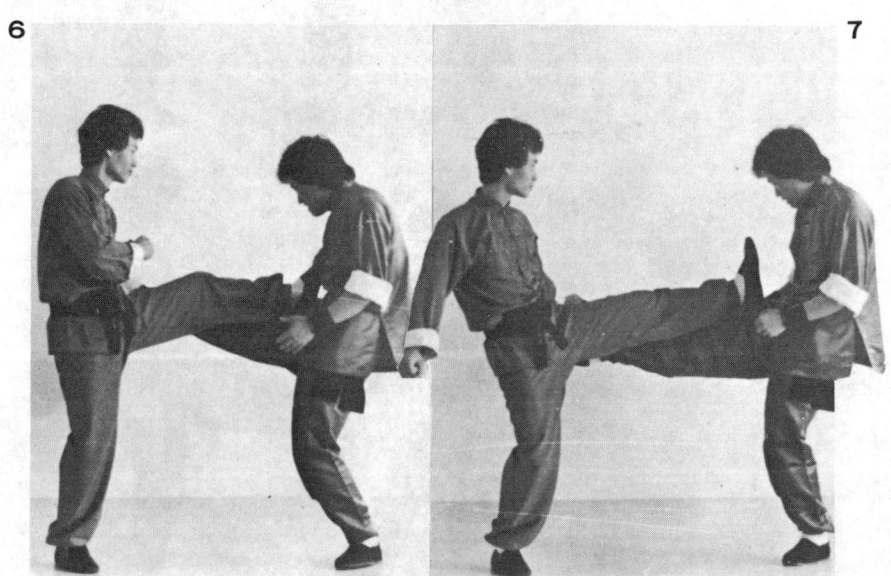

42. 권파퇴 (圈破腿)

앞차기와 같이 앞으로 차올리며 급격하게 몸을 틀어서 발뒷축으로 다시 차올리는 연환 퇴법이다.

■권파퇴의 응용

상대가 발차기로 공격을 하면 무릎으로 막으면서 발을 돌려 낭심을 차올린다. 막지 않고 그대로 뒤돌아 차도 좋다.

퇴격법의 실전 활용 / 335

43. 복퇴(扑腿)의 활용 1

상대의 공격을 막으면서 오른발을 왼발의 뒤로 넣어[투보(偸步)] 교차한 뒤에 복퇴의 형식으로 채어 차낸다.
 쌍봉수복퇴와 비교하기 바란다.

퇴격법의 실전 활용 / 337

Ⓐ 위치를 변화시켜 허벅지를 찬다.

Ⓑ 위치를 변화시켜 옆구리를 찬다.

44. 복퇴(扑腿)의 활용 2

상대의 발차기에 대하여 투보(偸步)로 전진하며 밖에서 차돌려 쓰러뜨린다.

45. 후도퇴(後挑腿)의 활용 1

추퇴나 괘퇴로 걷어 찰 때 상대가 다리를 들어서 피하면 발뒤꿈치로 차올려서 반격한다.

46. 후도퇴(後挑腿)의 활용 2

상대가 전사(纏絲) 등의 금나술로 꺾어 들어오면 숙여 당기면서 뒤꿈치로 낭심을 차올려서 반격하고 전사에서 빠져 나온다.

47. 파마퇴(破馬腿)

발을 들어서 앞으로 끌어 당기면서 찍어내리는 기법으로 점퇴(点腿)의 일종이다.

Ⓐ 위중(委中)

퇴격법의 실전 활용 / 343

B 명문(命門), 요안(腰眼)

C 곤륜(昆崙)

▰파마퇴의 거리 변화

지나치게 상대와 접근하였을 경우 반대쪽의 다리를 공격한다.

A 곤륜(昆崙)

B 요안(腰眼)

■파마퇴의 응용 1

상대의 발차기를 안에서 밖으로 찍어 낸다. 뒤꿈치로 공격한다.

■파마퇴의 거리 변화에 따른 목표

1

2

■파마퇴의 실전 변화

상대의 공격을 잡으면서 뒤꿈치로 찍어내린다.

Ⓐ 파마퇴에서 점당퇴로 변화

ⒷⒷ 괘퇴로 변화

■파마퇴의 실
　전 활용

350

4

5

6

■파마퇴의 목표 변화

1

2

■파마퇴의 응용 2

상대의 뒤쪽으로 접근하여 뒤꿈치로 다리를 공격하는데 그 요령은 답각과 같다.

퇴격법의 실전 활용 / 353

Ⓐ 목표를 변화시
켜 등 공격

48. 절퇴(絶腿)

상대의 발차기를 안에서 걸어 잡으면서 발등을 내려밟고 골반뼈 위를 치면서 집어던진다.

무술 수련 안내

　본 체육관은 무술을 수련하고자 하는 여러분의 문의를 항상 받고 있으며, 무술의 진수를 얻고자 하는 무술 애호인들에게 도움이 되고자 노력하고 있으니 많은 협조를 바랍니다.

　　　　　　　　한화체육관 관장　조 희 근

한화체육관 도장 안내

- 서울시 성동구 성수 2가　　　☎ 462-2185
- 서울시 중구 황학동　　　　　☎ 235-3955
- 서울시 성동구 중곡 1동　　　☎ 465-1702
- 서울시 도봉구 신창동「한화초안연무장」
- 전남 목포시 남교동 제일백화점 2층
- 강원도 고성군 거진읍 거진리　☎ 34-1771

서림쿵후·무술시리즈

진식 태극권 56식	중 관 저	12,000원	공수도 백과	강 태 정 역	12,000원
우슈 태극권 교본	박종관 편저	8,000원	베스트 공수도 전서 (전11권)	강 태 정 역	각4,500원
우슈 남권	동양무예편집부	6,000원	실전 공수도 교범	최 영 의 저	7,000원
우슈 장권	동양무예편집부	6,000원	표준 합기도 교범 (전5권)	명 광 식 저	각10,000원
양가 태극권 교본	박종관 편저	8,000원	합기도 특수 호신술	명 광 식 저	18,000원
진가 태극권	조 흔 훈 감수	5,000원	아이기도 교본	윤 익 암 저	16,000원
정통 팔괘장 기법	고 교 현 저	6,000원	비전 합기도(l)	김상덕·고빼룡 공저	7,000원
중국 경기공	박 종 관 저	6,000원	합기도의 과학	강 태 정 저	8,000원
내공 팔극권 교범(북파소림권)	무림편집부 편역	5,000원	정통 유도 백과	이 성 우 역	15,000원
차력 권법	역 발 산 저	4,500원	최신 유도 기법	이 성 우 역	7,000원
무술기공 단련법	김 상 덕 저	6,000원	실전 검도 교본	히다가와노부오 저	6,000원
당랑권법 투도권(CD영상물)	중 관 저	15,000원	최신 검도 기법	편 집 부 편	6,000원
당랑권법 소번거권(CD영상물)	중 관 저	15,000원	검도 입문	편 집 부 편	3,000원
당랑권법 (흑호출동권)	박 종 관 저	5,000원	회전무술 교본	명 재 옥 저	6,000원
당랑권법 비안장권	소 신 당 저	10,000원	족술도 교본	명 재 옥 저	6,000원
당랑권법 매화수권	소 신 당 저	10,000원	격투 발차기	조 희 근 저	7,500원
당랑권법 쌍풍권	소 신 당 저	8,000원	당랑적요 격투기(l)	이 봉 철 저	4,000원
당랑권법 금강권	소 신 당 저	8,000원	종합 레슬링 전서	서림스포츠편집부	12,000원
당랑권법 매화호권	소 신 당 저	8,000원	절권도(上)	이 소 룡 저	9,000원
당랑권법 매화권	소 신 당 저	8,000원	절권도(下)	이 소 룡 저	9,000원
당랑권법 육합기공	소 신 당 저	7,000원	이소룡과 영춘권법	이 영 복 편역	5,000원
당랑권법 난절권	주 용 강 저	5,000원	이소룡과 성룡의 생애와 무술	정 화 편역	6,000원
당랑권법(대가식·소가식)	조 희 근 저	5,000원	이소룡 쌍절곤 백과	이 소 룡 저	9,000원
칠성당랑권법	무림편집부 편역	5,000원	쌍절곤 교범	이봉기·김조웅 저	7,000원
비문당랑권	조 은 훈 저	5,000원	쌍절곤·삼절곤 비법	조 은 훈 저	4,500원
팔 선 취 권	무림편집부 편역	5,000원	검술 교본	김 상 덕 역	5,000원
정통 통배권(북파소림권)	무림편집부 편역	5,000원	도술 교본	김 상 덕 역	5,000원
쿵후교범(상)(하)	조 은 훈 저	각7,000원	곤술 교본	김 상 덕 역	5,000원
사학비권(남파소림권)	조 은 훈 저	6,000원	창술 교본	김 상 덕 역	5,000원
소림쿵후(호학쌍형권)	조 은 훈 저	4,500원	쿵후의 세계	서림쿵후 편집부	1,500원
소림 백학권	박 종 관 저	5,000원	도설 중국 무술사	조 은 훈 감수	7,000원
공력권·손빈권·역벽권	무림편집부 저	5,000원	십팔담퇴·연보권(북파소림권)	왕 조 원 저	5,000원
소림 나한권·용권	김 상 덕 편저	5,000원	소림학권(북건소림권)	무림편집부 편역	5,000원
남파소림 철선권	김 상 덕 편저	5,000원	소림홍권(대홍권·소홍권)	무림편집부 편역	5,000원
소림북파권법 삼로장권	김 상 덕 편저	5,000원	중국 무기술	조 은 훈 감수	5,000원

무술·기공·건강
비디오 테이프및 VCD전문판매

무술서적 전문 출판사인 서림문화사와 서림미디어는 중국무술, 기공, 건강 테이프및 VCD를 전문제작, 수입판매하고 있습니다.

< 비디오 테이프및 VCD의 자세한 목록은 저희 서림홈페이지를 참고 하시길 바랍니다. >

중국무술 비디오 테이프
각 25,000원

진식 태극권 노가1로	42분	우슈 남권	
진식 태극권 노가2로	25분	우슈 장권	
진식 태극권 56식	25분	무술대관 (43개의 권법과 무기술)	
양식 태극권 24식	25분	중국무공 (34개의 권법과 무기술)	
양식 태극권 40식	25분	중국 경기공 (35,000원)	
양식 태극권 48식	30분	소림 방위술	
양식 태극권 88식		팔극권	
42식 태극권 (각파종합)	30분	무술 기본공	
42식 태극검 (각파종합)	20분	합기도 경기	
무식 태극권	30분	합기도 교범 1편(기초 천기편 10~9급)	
태극권 용법 (퇴수)		합기도 교범 2편(고급 지기편 8~7급)	
동남아 무예경연대회		합기도 교범 3편(중급 내기편 6~5급)	
		합기도 교범 4편(고급 외기편 4~3급)	
		합기도 교범 5편(대급 기합편 2~1급)	

VCD 수입판매

2008년 세계 올림픽 규정투로 VCD
 장권 / 도술 / 검술 / 창술 / 곤술

각종문파의 태극권 VCD
 이덕인 / 왕이평 / 진정뇌

중국무술 VCD
 팔괘장 / 형의권 / 소림권 / 당랑권 / 팔극권 / 육합권 / 자연문
 영춘권 / 의권

격투기·타이복싱 VCD
 타이복싱 / 금나호신술

이소룡의 무술 VCD
 절권도 / 쌍절곤

중국기공·의료요법 VCD
 오금희 / 팔단금 / 발지압 / 요가

주소 : 서울시 종로구 종로6가 213-1 영안빌딩 101호
전화 : (02) 763-1445 (02) 742-7070 / FAX (02) 745-4802
홈페이지 : http://www.kung-fu.co.kr
e - mail : seolim@kung-fu.co.kr